Gabriele Moosa
Simone Raab
Maria Riegger

1×1 kreativ Nähen

Das große Einsteigerbuch mit tollen Modellen

Workshop
Seite 6–63

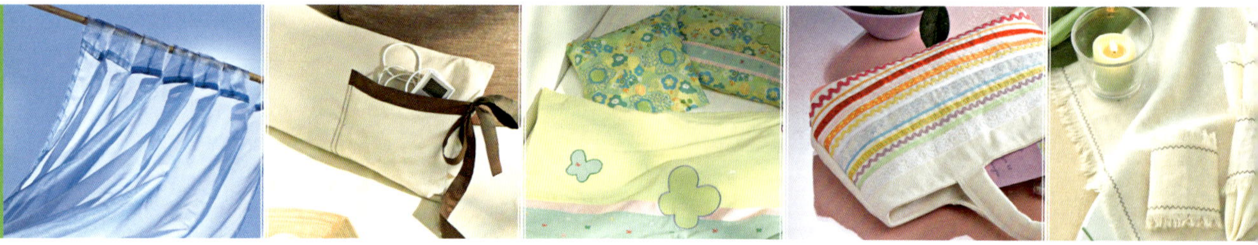

Ideenpool
Seite 64–130

Vorwort

Liebe Leserin, lieber Leser,

willkommen im „1 x 1 kreativ Nähen“. Hier erlernen Sie die Technik des Nähens von Grund auf. Dabei gehen Sie schrittweise vor: Nach einer Einführung in die wichtigsten Grundlagen der Nähmaschine, der Stoffe, Garne, Nadeln und des sonstigen Zubehörs starten Sie mit dem Steppstich, lernen weitere wichtige Nähstiche kennen und können schon bald säumen, versäubern, verstürzen, Reißverschlüsse einnähen und Knopflöcher nähen.
Damit Sie das im Workshop Gelernte auch gleich anwenden können, finden Sie nach jedem praktischen Kapitel eine sogenannte Ideeninsel mit ersten Vorschlägen für eigene Nähmodelle.

Nach der Pflicht kommt die Kür: Wenn Sie den Workshop abgeschlossen haben, sind Sie fit für den Ideenpool. Das ist eine Sammlung von Nähmodellen für Groß und Klein. Neben Dekorativem für Haus und Heim entdecken Sie hier wunderschöne Accessoires, pfiffige Geschenkideen und zauberhafte Dinge, die Kinderherzen höher schlagen lassen. Ganz einfache Arbeiten sind ebenso dabei wie Modelle auf hohem Niveau für alle, die sich schon mehr zutrauen.

Wir wünschen Ihnen viel Spaß beim Erkunden der Nähtechniken und ein gutes Gelingen Ihrer eigenen Arbeiten!

Ihr Expertenteam

Made Especially
FOR YOU BY

Workshop

Schritt für Schritt lernen

Ob Sie schlichte Dinge mit Steppstich nähen oder Ihr Nähteil aufwendig mit Pailletten verzieren möchten, im Workshop erfahren Sie Schritt für Schritt, wie es geht.
Das Motto dabei lautet: So viel Theorie wie nötig, so wenig wie möglich. Nach einer kurzen Einführung in die wichtigsten Grundlagen der Nähmaschine, der Stoffe, Garne, Nadeln, Knöpfe, Vlieselinen und des sonstigen Zubehörs führen Sie bebilderte Schritt-für-Schritt-Anleitungen ausführlich in den Zuschnitt und die verschiedenen Nähstiche ein. Sie lernen das Versäubern ebenso wie das Einsetzen von Reißverschlüssen, das Nähen von Knopflöchern oder das Applizieren. Auch Nähen mit der Hand wird gezeigt.

Ideeninseln geben tolle Anregungen

Die praktischen Workshop-Kapitel werden durch sogenannte Ideeninseln abgerundet. An den hier gezeigten Arbeiten können Sie das gerade Gelernte anwenden. Nur die bis zu diesem Zeitpunkt erworbenen Kenntnisse werden dabei benötigt. Die Ideeninseln eignen sich nicht nur zur praktischen Umsetzung der Workshop-Inhalte, sondern inspirieren zugleich für eigene Arbeiten.

Hinweis

◆ Nähen bedarf einiger Übung. Anfänger sollten deshalb am besten den einzelnen Kapiteln folgen und nach und nach ihre Kenntnisse erweitern. Hier ist es sinnvoll, zunächst die verschiedenen Grundstiche gut zu beherrschen und eine neue Technik nach der anderen zu erproben. Und wie bei so vielem gilt: Übung macht den Meister, also nähen, nähen und wieder nähen! Wenn Sie mit den ersten Ergebnissen zufrieden sind, können Sie sich an große oder aufwendigere Modelle wagen.

1 Materialkunde

Hinweis

- Falls Sie noch keine Nähmaschine haben und Sie sich eine neue zulegen möchten, kaufen Sie nicht die allergünstigste. Es kommt vor allem darauf an, dass sie sich einfach bedienen lässt und sehr zuverlässig ist, damit Sie lange Jahre damit nähen können.

Tipps & Tricks

- Am besten gehen Sie in ein Fachgeschäft und lassen sich dort kompetent beraten. Und wenn es dann doch einmal nicht so funktioniert, wie Sie möchten, finden Sie dort auch immer Hilfe.

Durch die enorme Vielfalt der Stoffe, Garne, Borten, Knöpfe und des sonstigen Zubehörs sowie durch die verschiedenen modernen Nähmaschinen und Schneidwerkzeuge ist es heutzutage ganz einfach, schöne Dinge selbst zu nähen. Schon mit ein paar Grundkenntnissen können Sie schnell und professionell einzigartige Dinge fertigen – und das ohne großen Aufwand. Wie das geht, zeigen wir Ihnen in diesem Buch. Lassen Sie sich inspirieren und Sie werden feststellen, wie viel Spaß es macht, eigene Dinge zu nähen.
Gerade als Anfänger, und wenn Sie nicht so viel nähen, ist eine praktische, leicht zu bedienende Nähmaschine wichtig: Je einfacher sie zu handhaben ist, desto mehr Freude haben Sie am Nähen. Auch ein schöner Arbeitsplatz sollte für Ihre Näharbeiten vorhanden sein. Achten Sie dabei auf eine ausreichend große Tischfläche, die richtige Sitzhöhe, einen bequemen Stuhl und eine gut ausgeleuchtete Arbeitsfläche – damit beim Nähen auch nichts schief läuft. Schön ist es auch, wenn Sie eine eigene Ecke fürs Nähen haben, damit Sie die verschiedenen Näharbeiten bei Bedarf einmal liegen lassen können.

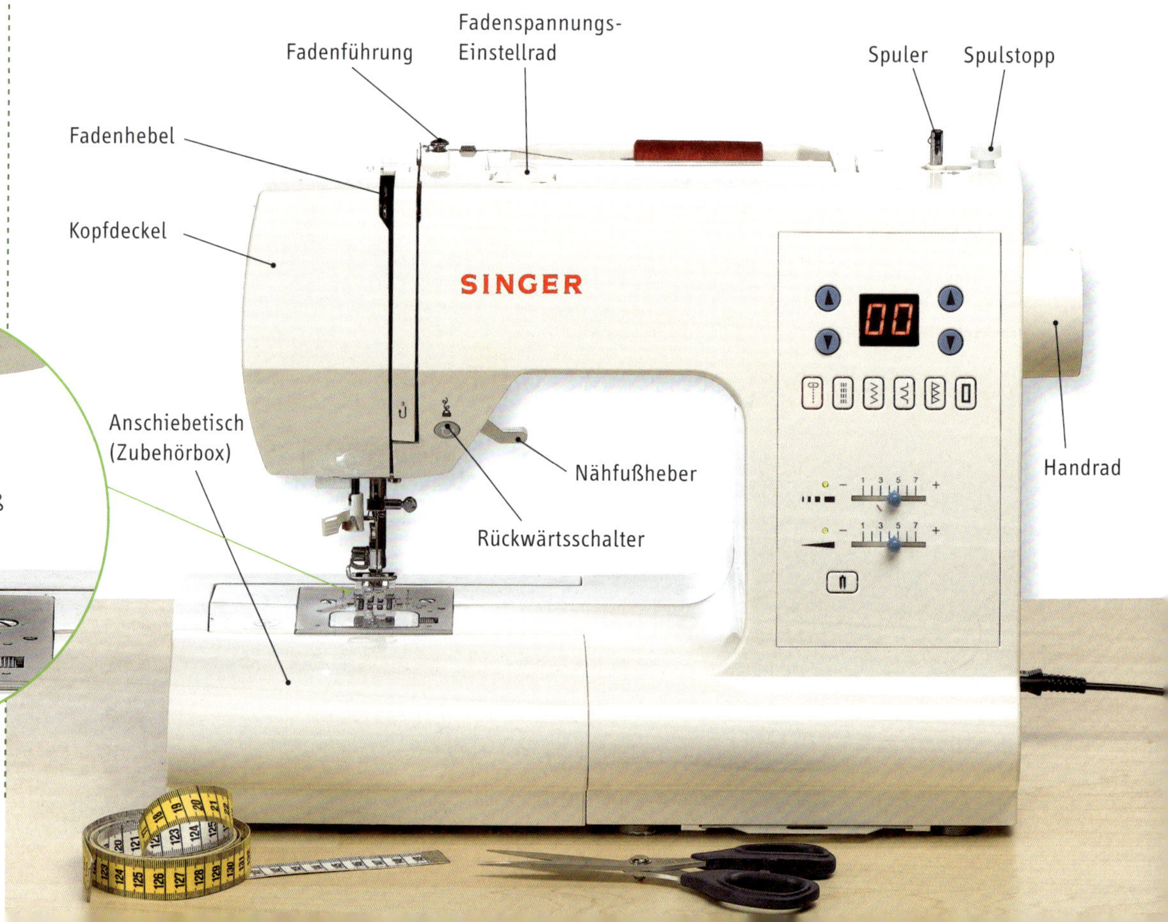

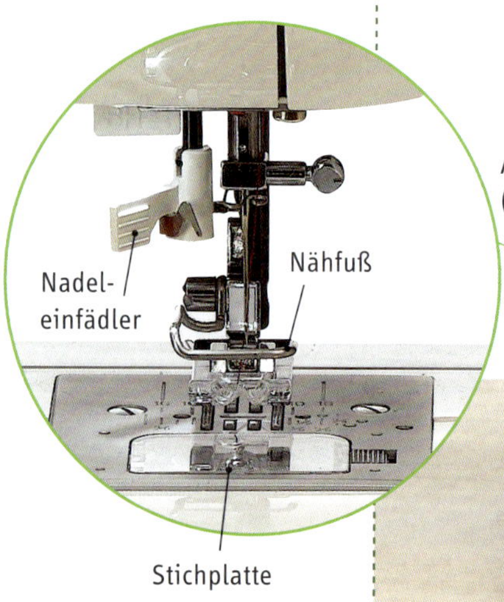

Die Nähmaschine

Im Handel finden Sie die unterschiedlichsten Nähmaschinen in verschiedenen Preisklassen – von der einfachen Gerad- und Zickzackstich-Maschine bis hin zu computergesteuerten Nähmaschinen mit einer großen Auswahl an Nutz- und Zierstichen. Überlegen Sie vor dem Kauf, was Sie verarbeiten möchten – ob Jeans, Jersey und dünne Stoffe oder lediglich einfache Baumwollstoffe. Achten Sie immer darauf, dass die Nähmaschine Ihren individuellen Nähansprüchen standhalten kann, und suchen Sie sich Ihre Maschine mit Bedacht aus.

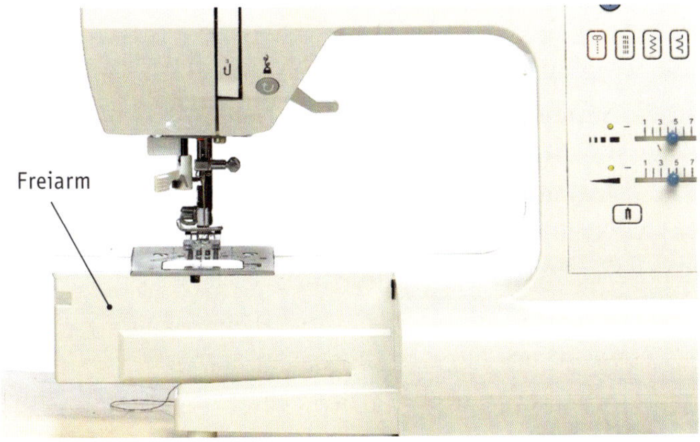

Freiarm

Den Freiarm braucht man zum Nähen von engen, rundgeschlossenen Teilen. Wenn Sie von Ihrer Flachbettnähmaschine die Verwandlungsnähfläche abnehmen, erscheint der schmale, lange Freiarm, über den Sie von der linken Seite auch kleinere, engere Teile überziehen können. So lassen sich Ärmelsäume an Kinderkleidung und Jackensäume nähen oder Flicken auf Hosenbeine aufsetzen. Bei vielen Nähmaschinen ist in der Nähfläche sogar noch Platz für das Zubehör.

Nähfüße

Der Standard-Nähfuß ist der wichtigste Basis-Nähfuß und gehört zur Grundausstattung jeder Nähmaschine. Er ist ideal für alle Steppstich- und Zickzackarbeiten und wird für Absteppарbeiten, zum Annähen von Gummibändern und bei der Verarbeitung von dehnbaren Stoffen verwendet. Daneben gibt es verschiedene andere Nähfüße, wie zum Beispiel einen Reißverschlussfuß, einen Blindstichfuß oder einen Knopflochfuß. Wie viele Nähfüße Ihnen zur Verfügung stehen und wie sie eingesetzt werden, ist von Maschine zu Maschine verschieden – manche werden nur eingerastet oder eingeklickt, manche angeschraubt.

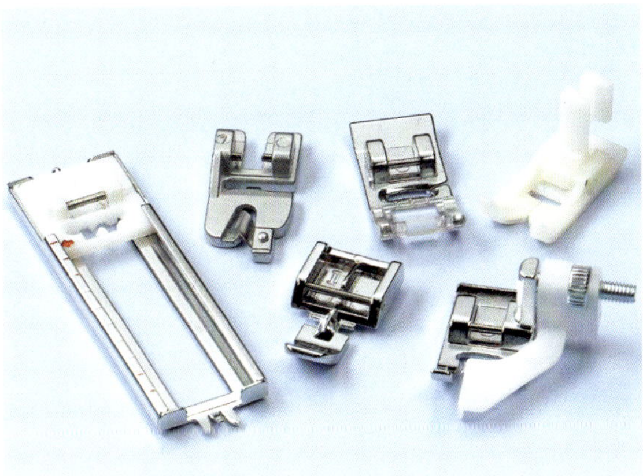

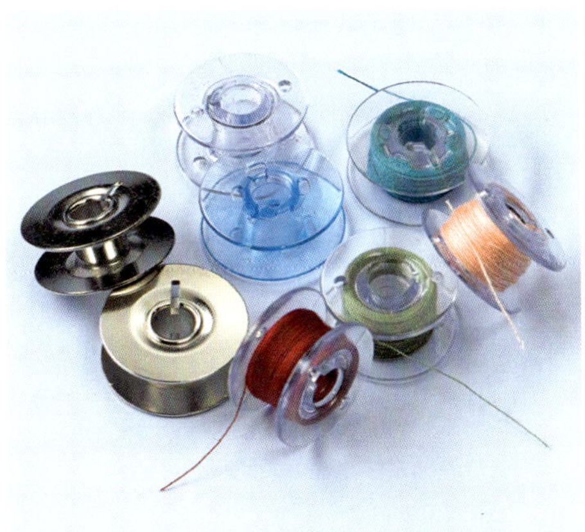

Spulen

Eine wichtige Voraussetzung zum Nähen ist das richtige Spulgarn und das Aufspulen. Am besten verwenden Sie den Allesnäher – auch als Obergarn. Wählen Sie immer die gleiche Farbe für oben und unten. Sonst erscheint ein andersfarbener Spulenfaden, wenn Sie Ihr Nähteil einmal wenden möchten. Benutzen Sie kein feines Maschinenstickgarn zum Aufspulen, das wickelt sich während des Nähens zu schnell ab oder erzeugt leicht Fehlspannungen. Spulen Sie immer genügend Faden auf, damit Sie während des Nähvorgangs nicht unterbrechen müssen, und lesen Sie in der Bedienungsanleitung, wie es bei Ihrer Maschine geht. Auch das ist je nach Fabrikat verschieden.

Tipps & Tricks

- Bei vielen Maschinen gehört ein Führungslineal zur Grundausstattung. Es hilft Ihnen, immer schön gerade zu nähen und vor allem bei mehreren parallel zu nähenden Nähten immer denselben Abstand zu halten. Es wird in die Nähfußhaltestange geschraubt (oder eingeklemmt). Den Abstand regulieren Sie durch Verschieben der Stange.
- Alternativ können Sie auch mit einem Tesastreifen oder einem separaten Magneten aus dem Fachhandel eine Führungslinie auf die Stichplatte aufbringen.
- Nicht jede „Fremdspule" ist für Ihre Maschine geeignet. Am besten nehmen Sie immer eine Spule Ihrer Nähmaschine mit, wenn Sie eine neue kaufen. So kann nichts schiefgehen.

Tipps & Tricks

◆ Nähen Sie unbedingt auf einem festen Stoff Nahtproben mit dem Steppstich oder Zickzackstich, bevor Sie mit Ihrem Nähstück wirklich anfangen. So sehen Sie direkt, ob das Ergebnis stimmt oder nicht.

Fadenspannung

Für ein schönes Stichbild ist eine ausgewogene Fadenspannung Grundbedingung. Beim Einfädeln wird der Faden durch zwei Spannungsscheiben geführt, die ihn während des Nähens festhalten und anspannen. Ist die Spannung zu locker, bilden sich ganz kleine Schlingen, und die Naht hat keine Festigkeit. Ist die Fadenspannung zu fest, zieht sich der Stoff an der Naht zusammen. In beiden Fällen haben Sie kein schönes Nähergebnis.
Die Unterfadenspannung ist vom Werk aus eingestellt und muss nicht verändert werden. Die Oberfadenspannung lässt sich aber bei den meisten Maschinen mit einem Rädchen vorne oder seitlich am Kopfteil der Nähmaschine einstellen. Hier sind in der Regel Zahlen von 2 bis 5 aufgedruckt. Normalerweise steht die Oberfadenspannung zwischen dem Bereich 3 und 5. Nähen Sie jedoch dünnere Stoffe oder machen Sie eventuell Stickarbeiten, sollten Sie die Spannung etwas lockererer einstellen, das heißt zwischen 2 und 3.

Steppstich: korrekte Einstellung
Die Knötchen der Ober- und Unterfadenschlingung liegen genau in der Mitte der Stofflagen. So sehen beide Seiten gleichmäßig und schön aus.

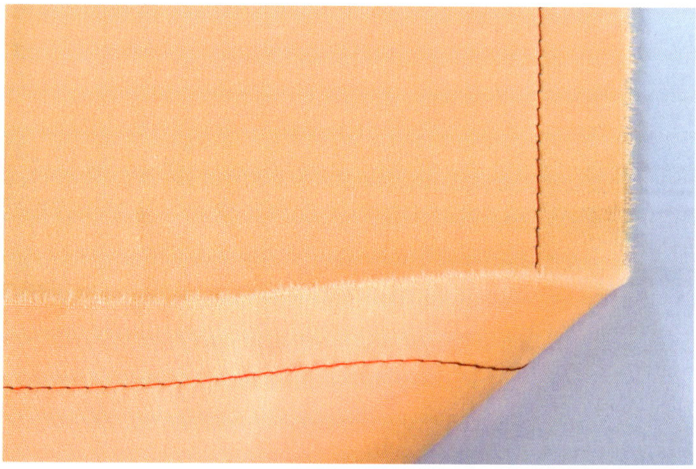

Steppstich: zu starke Oberfadenspannung
Hier sind die Knötchen der Ober- und Unterfadenverschlingung auf der rechten Stoffseite sichtbar.

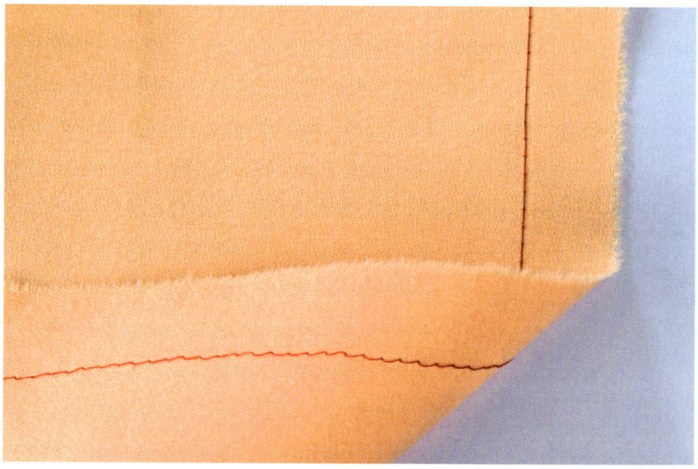

Steppstich: zu lockere Oberfadenspannung
Die Knötchen der Ober- und Unterfadenverschlingung sind bei einer zu lockeren Oberfadenspannung auf der Unterseite des Stoffes sichtbar.

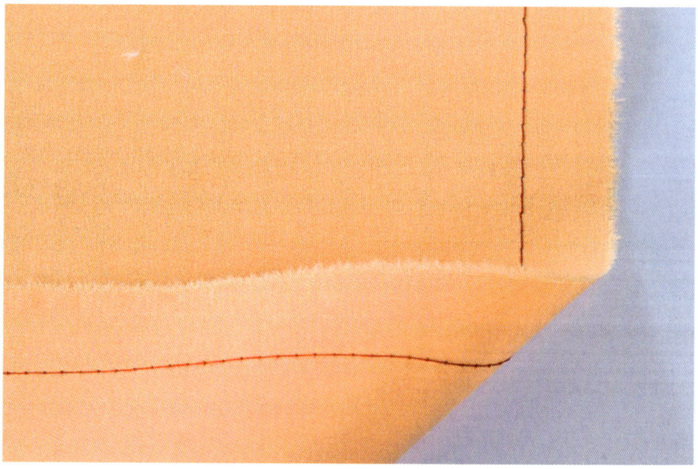

Stoffe

Im Handel werden die verschiedensten Stoffe in einer schier unermesslichen Vielfalt angeboten, aus der Sie auswählen können. Achten Sie hierbei stets auf den Fasergehalt, die Web- und Oberflächenstruktur sowie das Gewicht und die Fließeigenschaft des Stoffes, aber auch auf seine Trage- und Pflegeeigenschaften, seine Musterung sowie seine Farbe. Bedenken Sie auch, ob der Stoff zu dem gewählten Schnitt passt und wählen Sie danach sorgfältig aus.

Naturfasern

Charakter und Eigenschaften eines Stoffes werden vor allem durch seinen Fasergehalt bestimmt. Qualitativ hochwertige Stoffe aus Naturfasern behalten ihre natürliche Struktur, neigen zur Knitterbildung, sind sehr saugfähig und trocknen daher langsam. Zu den pflanzlichen Naturfaserstoffen zählen Baumwolle oder Leinen, zu den tierischen Angora, Kaschmir, Seide oder Wolle.

Chemiefasern

Stoffe aus Chemiefasern ähneln von der Optik her häufig Naturfaserstoffen, sind aber pflegeleichter und knittern wenig. Zu ihnen zählen Viskose, Modal, Acetat oder Cupro sowie Elasthan, Polyamid oder Polyester.

Webstruktur

Ein wichtiges Qualitätsmerkmal ist auch die Webstruktur eines Stoffes. Prüfen Sie, ob der Stoff fein und gleichmäßig verwebt ist und ob Längs- und Querfaden im rechten Winkel zueinander verlaufen.

Tipps & Tricks

- Achten Sie beim Kauf auf die Stoffzusammensetzung. Sie steht meist auf einer kleinen Lasche, die sich an der „Aufwickelpappe“ des Stoffs befindet. Oder fragen sie das Fachpersonal. So wissen Sie über die chemischen Anteile im Stoff Bescheid und auch, wie Sie den Stoff pflegen müssen.

Achtung!

Bei leichten und feinen Stoffen ist es wichtig, die Stichlänge etwas zu reduzieren. Denn je länger der Stich eingestellt ist, umso mehr besteht die Gefahr, dass sich der Stoff während des Nähens zusammenzieht. Stellen Sie also die Stichlänge beim Steppstich auf ca. 1,5 bis 2,5 mm ein. Wählen Sie außerdem eine dünne Nähmaschinennadel aus.

Leichte Stoffe

Auch das Gewicht der Stoffe ist für die richtige Stoffwahl wichtig. Die leichten, dünnen Stoffe, wie Seide, Seidenchiffon, Baumwolle, Batist, Sommerleinen oder Baumwoll-Jersey sowie Viskose oder verschiedene Polyesterstoffe werden überwiegend zum Nähen von Sommergarderobe verwendet. Diese Stoffe sind meist leichtfließend, angenehm anzufassen, sie fallen leicht und schmiegen sich gut an den Körper an. Sommerleinen, Baumwolle und Viskose lassen sich leicht verarbeiten, Jersey und sehr dünne Viskosestoffe brauchen jedoch etwas Nähübung! Ganz wichtig ist auch, dass Sie unbedingt Jerseynadeln (siehe Seite 14) benutzen, wenn Sie Jersey vernähen.

Seide

Der Tragekomfort von Seide ist ausgesprochen hoch, denn sie kühlt bei Hitze und wärmt bei Kälte. Sie wird sehr gerne für Sommerblusen, Kleider oder Röcke verwendet und auch Schals und Tücher oder Kissenbezüge und Bettwäsche aus Seide sind sehr beliebt. Der hachdünne Crêpe de Chine hat eine unruhige Oberfläche, Bouretteseide einen noppenartigen Charakter. Chiffon ist ein hauchzartes, feines Gewebe mit leicht sandigem Griff und Duchesse ein hochglänzender Stoff, der auch gerne zum Abfüttern von Blazern verwendet wird.

Viskose

Viskose kann nach Bedarf in glänzender oder matter Qualität sowie in verschiedenen Optiken hergestellt werden, so dass sie einem Wollstoff oder einem Baumwollstoff ähneln kann. Da ihr Tragekomfort sehr hoch ist, wird sie immer beliebter. Sehr gut eignet sich Viskose für die komplette Damenoberbekleidung, aber auch für Röcke und leichte Sommerhosen. Sie ist außerdem ideal für Taschen, Gürtel, Schals, Kissen, Tischwäsche oder Gardinen.

Baumwoll-Jersey

Dieser dehnbare Stoff wird gerne für T-Shirts, Schlafwäsche, Babybekleidung, aber auch leichte Sportkleidung und Ähnliches verarbeitet. Er ist sehr angenehm zu tragen und anschmiegsam. Es gibt ihn in reiner Baumwollqualität, aber auch als Baumwoll-Viskose oder Polyestermischung. Durch die Dehnbarkeit braucht man zum Verarbeiten ein bisschen Übung und verwendet am besten spezielle Stretchstiche, die sich mitdehnen. So kann die Naht nicht platzen!

Mittelschwere Stoffe

Zu diesen Stoffen zählen alle Qualitäten, die vom Gewicht her etwas schwerer und griffiger sind, so etwa Baumwolle, Leinenstoffe wie Sommerleinen, Gabardine und Georgette oder dünne Schurwolle, Popeline, Sweatshirtstoffe, Jerseystoffe, Microfaserstoffe oder dünne Jeansstoffe. Diese Stoffe sind – sofern sie nicht zu elastisch sind – gut für Nähanfänger geeignet, da sie nicht so schnell wie die dünnen Stoffe beim Zuschnitt und Verarbeiten wegrutschen.

Baumwolle

Baumwolle – ein natürliches Produkt, das aus den Samenkapseln der Baumwollpflanze hergestellt wird –, ist sehr widerstands- und strapazierfähig, hautsympatisch und nimmt gut Feuchtigkeit auf. Dazu lässt sie sich gut färben. Obwohl sie leicht knittert, wird sie gerne für Sommergarderobe, Kinderbekleidung und Accessoires verwendet.

Leinen

Diese Naturfaser wird aus dem Stängel der Flachspflanze gewonnen, hat eine glatte Oberfläche, ist wenig schmutzanfällig und sehr saugfähig. Leinen ist sehr einfach zu verarbeiten und wird gerne für die Sommergarderobe verwendet, da es sehr viel Feuchtigkeit speichert und diese schnell wieder abgibt. Leinen eignet sich auch sehr gut für Taschen, Gürtel oder Beutel für Kinderspielzeug.

Sweatshirtstoff

Sweatshirtstoff gehört heutzutage zu den wichtigen Basisstoffen. Er besteht aus schwerem Jersey, der auf der Vorderseite glatt ist und auf der Rückseite mechanisch aufgeraut wurde. Dadurch ist der Stoff saugfähig, besonders wenn er aus reiner Baumwolle besteht. Er ist ideal für Anfänger. Aus ihm werden gerne Trainingsanzüge und Strandkleider für Mädchen, aber auch kleine Accessoires genäht.

Tipps & Tricks

- Es ist ratsam, die neu erworbenen Stoffe vor dem Nähen und Tragen einmal zu waschen und zu bügeln – vor allem Baumwoll- und Leinenstoffe. Diese laufen beim ersten Waschen meist um einige Zentimeter ein.

Schwere Stoffe

Von ihrer Beschaffenheit her dicker und schwerer werden diese Stoffe überwiegend für die Herbst- und Wintergarderobe verwendet: so etwa Wollstoffe, Mantelstoffe, Loden, Jeansstoffe, Bouclé, Frottier, Pelzimitationen oder Strickstoffe. Je nach Dicke eignen sie sich nicht für ungeübte Näher. Nähanfänger greifen am besten zu Frottierstoffen oder robusten Jeansstoffen, aus denen sich hübsche Bademäntel oder kleine Rücksäcke nähen lassen. Verwenden Sie eine spezielle Nadel zum Verarbeiten von dicken Stoffen (siehe Seite 14) und nähen Sie nicht zu viele Lagen übereinander. Denn nicht jede Nähmaschine schafft diese Dicke.

Jeansstoff

Der blauer Baumwollstoff in Köperbindung ist ideal für robuste Kleidung, aber auch für modische Accessoires. Er ist in verschiedenen Stärken und Farben und inzwischen auch in verschiedenen Mischungen wie etwa mit Polyester oder auch in elastischer Version im Handel erhältlich. Ist der Jeans nicht zu dick, kann er sehr gut von Näheinsteigern verarbeitet werden. Sie brauchen lediglich eine Jeansnadel und eine Nähmaschine, die die Durchstichkraft für dickere Stoffe hat.

Frottier

Frottier ist ein voluminöses, weiches Schlingengewebe – meist aus Baumwolle – mit einer hohen Saugfähigkeit. Deshalb wird es gerne für Frottierhandtücher oder Bademäntel verwendet, aber auch für Handpuppen oder Schmusetiere für Kinder. Frottier ist sehr dankbar beim Verarbeiten und sehr gut für Näheinsteiger geeignet.

Walkloden

Der Lodenstoff ist ein gewalktes und aufgerautes Gewebe mit haariger oder verfilzter Oberfläche und wird besonders häufig für Mantel- und Trachtenmode verwendet. Er ist Wasser abstoßend imprägniert und muss nicht versäubert werden, da er nicht ausfranst. Wegen seiner leichten Verarbeitung wird er gerne für Homedeco und Accessoires verwendet.

Wohn- und Dekorationsstoffe

Um Ihr Zu Hause mit kleinen neuen Akzenten wie neue Kissen oder Tischwäsche, Gardinen oder einem Lampenschirmbezug zu versehen, gibt es inzwischen in großer Auswahl spezielle Dekorationsstoffe, die meist auch Ungeübte leicht verarbeiten können: für Gardinen spezielle Gardinenstoffe, für Polsterbezüge spezielle, dicke Polsterstoffe und für Tischwäsche edles Leinen, Stoffe in Überbreite oder auch Wachstuch.

Gardinenstoff

Der hauchzarte, durchscheinende Voile, meist aus Kunstfaser, ist für Näheinsteiger nicht unbedingt geeignet. Denn er rutscht schon beim Zuschneiden leicht weg. Fangen Sie lieber mit den festen Übergardinen zum Beispiel aus Leinen, Baumwolle oder Mischgewebe an, bevor Sie sich an die feinen Stoffe heranwagen. Verwenden Sie zum Nähen der feinen Stoffe eine Jerseynadel oder eine feine Nadel 70er Stärke. Und führen Sie während des Nähens den dünnen Stoff hinten nach dem Nähfuß leicht mit.

Plüschstoff

Diese gewebten oder gewirkten Stoffe haben einen dichten, haarigen Flor, der lang, kurz, lockig oder glatt sein kann – ganz wie bei Pelz-Imitationen. Er ist sehr leicht zu vernähen. Beachten Sie beim Zuschneiden lediglich die Richtung des Flors. Ziehen Sie nach dem Nähen von der rechten Seite die festgenähten Härchen aus der Naht, somit ist sie kaum mehr sichtbar. Sehr gut geeignet für verrückte Kissen, Taschen oder Rucksäcke.

Hinweis

◆ Möchten Sie dünne Gardinenstoffe verarbeiten, dann beachten Sie bitte, dass sie besondere Führung brauchen und mit Vorsicht genäht werden müssen. Besonders am Nahtanfang unbedingt ganz langsam starten, sonst kann sich der Stoff, bevor er unter den Nähfuß gezogen wird, einkräuseln und wird nicht weitertransportiert.

Tipps & Tricks

◆ Wachstuch ist gut für Tischwäsche, Taschen und andere Heimtextilien zu verwenden. Nicht zu dick, ist es für Einsteiger ideal. Denn es braucht nicht versäubert und gebügelt zu werden, Sie können Ihr Nähteil einfach zuschneiden und nähen. Die Nähte bei Bedarf von der rechten Seite zum „Festhalten" noch absteppen und fertig ist das Stück.

◆ Beim Nähen dünner Stoffe eine dünne Nähmaschinennadel verwenden. Wenn Sie Plüsch oder Wachstuch verarbeiten, nehmen Sie eine etwas stärkere Nadel, wie etwa Stärke 80 oder 90.

Tipps & Tricks

- Nehmen Sie beim Kauf des Garnes immer ein Stückchen des zu nähenden Stoffes mit und achten Sie darauf, dass die Farbe annähernd ähnlich ist – eine Nuance dunkler darf das Garn gerne sein. Das ist besser als zu hell!

- Achten Sie immer auf eine hohe Qualität des Nähgarns. Sehr günstige Garne haben oft viele Knötchen, die beim Nähen Fehlspannungen verursachen oder zum Reißen führen können.

- Wollen Sie Knopflochgarn mit der Nähmaschine nähen, benötigen Sie eine Nadel mit einem größeren Nadelöhr (zum Beispiel eine Jeansnadel H-J).

- Achten Sie beim Kauf auf die richtige Nadel für den richtigen Stoff. Und nehmen Sie zum Kauf einer neuen Nadel das Nadelpäckchen mit, das Ihrer Maschine beiliegt. So wissen Sie genau die Bezeichnung der Nadeln.

- Am besten haben Sie immer einen kleinen Vorrat zu Hause und wechseln öfters einmal die Nadel. Denn mit einer stumpfen Nadel verletzen Sie den Stoff.

Nähgarne

Es gibt eine riesige Auswahl an verschiedenen Nähgarnen in verschiedenen Qualitäten, Lauflängen und von verschiedenen Herstellern. Je nach Nähumfang wählen Sie Garne zwischen 50 m und 500 m Lauflänge aus. Verwenden Sie dieses Garn auch für die Unterspule der Nähmaschine.

Wir empfehlen für die Nähmaschine den **Allesnäher,** der meist aus Polyester besteht und sich für jeden Stoff und fast jede Näharbeit eignet. Er ist waschfest, leicht elastisch, scheuerfest, reißfest, licht- und farbecht und lässt sich leicht vernähen.
Die Elastizität von **Baumwollnähgarn** ist begrenzt. Es wird für Patchworkarbeiten und bei Bedarf für reine Baumwollstoffe verwendet.
Mit dem aus Baumwolle bestehenden **Heftgarn** heftet man lediglich Stoffteile zusammen. Es ist etwas dicker, aber auch sehr „brüchig" und lässt sich deshalb sehr einfach wieder auftrennen.

Nadeln

Handnähnadeln

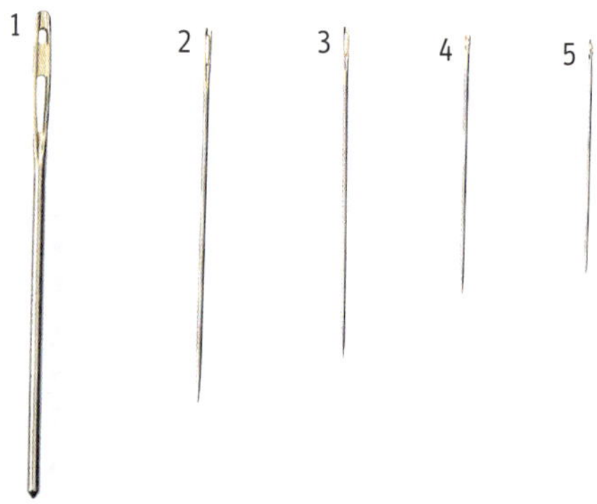

Durchziehnadeln (1) sind ideal, um Wolle, Knopflochgarn oder Zwirn zu vernähen oder durchzuziehen.
Stopfnadeln (2) eignen sie sich dank ihres großen Nadelöhrs zum Vernähen von dicken Fäden, Wolle oder Stopfgarn und natürlich zum Stopfen.
Feine und kurze Nadeln (4, 5) setzt man für sehr feine Stoffe wie Seide oder Viskose ein, **lange Nadeln** (3) sind für die meisten Handnäharbeiten richtig.

Maschinennadeln

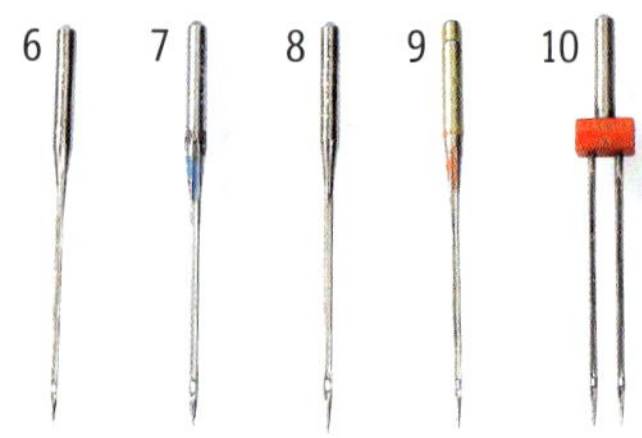

Universalnadeln (H) (6): Stärke 70–90, für alle festen, nicht elastischen Gewebe wie Leinen, Baumwolle, Lodenstoffe, Popeline, dünne Jeans-, Mantelstoffe.

Universalnadeln (H): Stärke 60, für sehr dünne Materialien wie Seide, Gardinenstoffe, Microfaser.

Jeansnadeln (H-J) (7): Stärke 80–90, für mittelschwere Jeansstoffe.

Stretchnadeln (H-S) (8): Stärke 70–80, für elastische Stoffe wie Baumwoll-Jersey, Strickwaren oder Stoffe mit Elastan.

Ledernadeln (H-LL) (9): Stärke 80–100, für weiches bis mittelschweres Leder.

Zwillingsnadeln (10): vor allem für dehnbare Stoffe, um eine dehnbare Absteppnaht zu erhalten.

Knöpfe

Knöpfe gibt es in Hülle und Fülle und in unterschiedlichen Materialien und Formen. Sie dienen nicht nur als Verschlusselement, sondern werden auch als Verzierung verwendet. Es gibt Knöpfe aus Perlmutt, Kunststoff, Holz, Glas, Bims, Leder, Horn oder Metall und 2-Loch-Knöpfe, 4-Loch-Knöpfe, Kugelknöpfe und Knöpfe mit Steg. Und wer es ganz passend haben möchte, kann sich in speziellen Fachgeschäften Knöpfe überziehen lassen.
Wählen Sie Knöpfe stets sehr sorgfältig aus. Einfache, gut auf die Farbe des Nähteils abgestimmte Knöpfe sind unauffällig, feine, leichte Knöpfe passen zu duftigen Schnitten, und ausgefallenere Dekorknöpfe setzen optische Glanzlichter. Als Faustformel gilt: Je mehr Knöpfe Sie brauchen, desto schlichter sollten sie sein. Achten Sie auch auf das Gewicht. Leichtere Stoffe vertragen keine schweren Knöpfe, bei dickeren Stoffen zählt mehr der Gesamteindruck als das Gewicht. Und sollten Sie einmal nicht die im Schnittmuster angegebene Größe bekommen, wählen Sie zur Not Knöpfe, die bis zu 3 mm größer sind, und vergrößern Sie den Abstand der Knopflöcher ein wenig.
Die meisten Knöpfe sind wasch-, reinigungs- und bügelfest. Aber eben nicht alle. Achten Sie bei der Auswahl auch auf die Pflegeeigenschaften. Holzknöpfe können Sie nicht waschen, Glasknöpfe springen leicht, wenn sie mit dem heißen Bügeleisen in Berührung kommen. Mit Strass- oder Edelsteinen besetzte Knöpfe trennen Sie vor dem Reinigen besser immer ab.

Tipps & Tricks

- Kaufen Sie immer einen Knopf mehr als nötig – denn wenn mal einer verloren geht, ist es immer schwer, denselben Knopf wieder nachzukaufen.

- Haben Sie einen besonders dicken Stoff, ist es vorteilhaft, einen kleinen Gegenknopf von der linken Stoffseite anzunähen. Das gibt dem Knopf von außen einen besonders festen Halt und der Stoff reißt beim Annähen nicht aus. Das macht man vor allem bei Leder und Kunstleder.

Vlieseline

Einlagestoffe spielen eine wichtige Rolle für das perfekte Aussehen eines genähten Teiles – ob für den Dekobereich oder für Kleidungsstücke. Sie geben dem Stoff den entsprechenden Halt, die Form und unterstützen den Fall bei feineren Stoffen. Einlagestoffe gibt es in unterschiedlichen Breiten und Stärken. Man unterscheidet zwischen Bügeleinlagen und Näheinlagen.

Vlieseline zum Aufbügeln

Bügeleinlagen sind die meist verwendeten Einlagen, da sie nicht aufwendig angenäht werden müssen. Es gibt sie in den Farben weiß, schwarz, grau und naturfarben. Wichtig ist, sie richtig aufzubügeln. Beachten Sie unbedingt die Anweisungen des Herstellers, die meist in Blau auf der Außenkante aufgedruckt sind. Die meisten Einlagen werden bei trockener Hitze aufgebügelt, einige Bügeleinlagen sollten aber am besten mit einem Bügeltuch aufgebügelt werden, das auf die Vlieseline gelegt wird.

Vlieseline auflegen

Legen Sie das zugeschnittene Stoffteil auf das Bügelbrett. Vlieseline hat eine linke und eine rechte Seite. Die linke Seite fühlt sich etwas rauer an und ist mit einer Klebefläche beschichtet. Legen Sie die linke Seite der zugeschnittenen Vlieseline auf die linke Seite des Stoffes.

Vlieseline aufbügeln

Stellen Sie die richtige Bügeltemperatur ein und bügeln Sie die Einlage mit leichtem Druck auf die linke Stoffseite. Tippen Sie zur Sicherheit mit der Bügeleisenspitze erst die Vlieseline an, klebt sie nicht am Bügeleisen, können Sie fortfahren, die Vlieseline flächenweise aufzubügeln.

Wichtig

◆ Vlieseline nicht durch Schieben mit dem Bügeleisen aufbügeln, da sie sich sonst verschieben kann. Sie wird nur durch Druck mit dem Bügeleisen Stück für Stück aufgebügelt.

Hinweis

◆ Ist die Vlieseline einmal falsch aufgebügelt, ist es schwer, sie wieder richtig fest auf dem Stoff zu fixieren. Daher bitte vorher die Bügelhinweise beachten und evtl. eine kleine Bügelprobe machen.

Tipps & Tricks

◆ Schützen Sie Ihr Bügelbrett mit einem extra Bügeltuch – für den Fall dass die Vlieseline beim Bügeln über den Stoffrand hinausragt. Dadurch verhindern Sie ein Verkleben des Bügelbrettes.

Vlieseline zuschneiden

In der Regel wird Vlieseline mit dem sogenannten Fadenlauf zugeschnitten, also der Länge nach parallel zur Webekante. Bei Kleinteilen kann es allerdings sein, dass sie schräg zum Fadenlauf zugeschnitten wird. Dadurch fällt sie weicher und elastischer. Achten Sie immer darauf, was im Schnittmuster jeweils angegeben ist.

Vlieseline vorbereiten

Legen Sie die Vlieseline glatt und doppelt gefaltet, also Webekante auf Webekante, auf den Tisch, die Innenseite liegt innen.

Vlieseline zuschneiden

Platzieren Sie die Schnittteile des Stoffes möglichst stoffsparend auf der Vlieseline und schneiden Sie sie mit der Nahtzugabe zu. Bei manchen Schnittteilen ist es allerdings besser, die Nahtzugabe an der Vlieseline wegzuschneiden. Dies gilt besonders für die dickere und steifere Vlieseline. Dadurch bleiben die Naht und die Nahtzugabe des Stoffes weich und werden nicht zu dick.

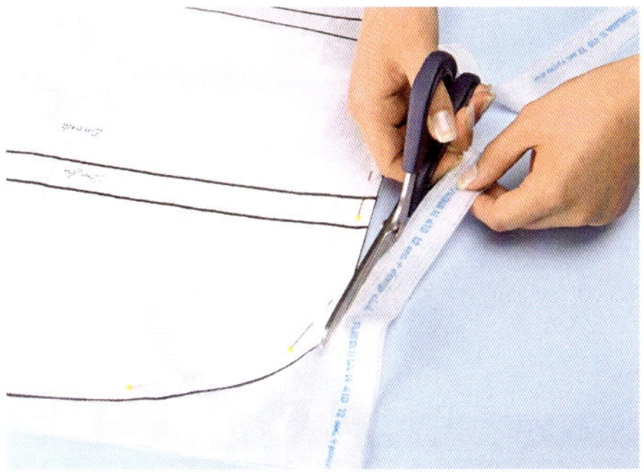

Volumenvlies

Volumenvlies ist ein dickes Vlies, das dem Stoff einen dicken, flauschigen und warmen Effekt gibt. Wie alle Einlagen kann es aufgebügelt oder aufgenäht werden und kommt bei Babykrabbeldecken, Taschen, Westen oder beim Unterfüttern von Bilderrahmen, die mit Stoff überzogen werden, zum Einsatz. Volumenvliese zum Einnähen werden erst großflächig mit einem Heftstich auf die linke Stoffseite aufgenäht, danach mit dem Steppstich der Nähmaschine in parallelen Linien oder Rauten aufgesteppt.

Bei den Volumenvliesen zum Aufbügeln legt man die linke Seite mit der Klebeseite auf die linke Stoffseite und bügelt sie mit einem Bügeltuch auf, da sonst das hitzeempfindliche Vlies am Bügeleisen haften bleibt. Zu den gängigsten Volumenvliesen zählen H 640, das für leichte bis mittelschwere Stoffe verwendet wird, und HH 640. Dieses doppelseitig klebende Volumenvlies wird zwischen zwei Stofflagen gelegt und eignet sich hervorragend für Tischsets, Topflappen und Stuhlbezüge.

Gängige Vlieseline

H 180
Eine sehr leichte und weiche Einlage für feine und weichfallende Stoffe.

H 410
Eine weiche Einlage mit stabilisierenden Fäden in Längsrichtung, die sich für verschiedene Kleinteile mittelschwerer Stoffe eignet.

G 785
Leichte, weiche und in beide Richtungen elastische Gewebeeinlage, die für zarte, fließende Stoffe verwendet wird.

H 250
Eine feste, stabile Einlage für mittelschwere Stoffe. Sie wird gerne für Taschen, Gürtel und Bastelarbeiten verwendet.

Sonstiges Zubehör

Tipps & Tricks

◆ Achten Sie darauf, dass die Stoffschere wirklich nur zum Zuschnitt für Stoff und Einlagestoffe verwendet wird und nicht für Papier und Bastelprodukte. Denn Papier macht jede Schere stumpf.

Wenn Ihnen das richtige Arbeitswerkzeug zur Verfügung steht, sparen Sie Zeit und haben mehr Spaß an Ihrer Arbeit – und der Erfolg ist garantiert.

1. Eine **kleine Schere** gehört in jeden Nähkorb oder auf jeden Nähtisch. Mit einer feinen Spitze ausgestattet, schneidet sie die kleinen Fäden sauber ab, die an den Nahtenden überstehen.
2. Unverzichtbar ist auch der **Fadentrenner** (Pfeiltrenner). Denn wer näht, muss auch einmal trennen. Mit der feinen Pfeilspitze geht man unter den genähten Stich und trennt den Stich durch einen leichten Zug auf.
3. Eine gut schneidende **Stoffschere** ist ebenfalls wichtig. Mit ihr lassen sich alle Stoffe gut und exakt zuschneiden. Und nehmen Sie keine gewöhnliche Haushaltsschere, sondern eine spezielle Schneiderschere.
4. Mit dem **Maßband** messen Sie nicht nur die Stoffteile, sondern auch Körpermaße genau aus.
5. **Schneiderkreide** bekommen Sie in vielen Ausführungen. Die Basisschneiderkreide gibt es in drei bis vier verschiedenen Farben. Sie lässt sich aber schwer wieder aus dem Stoff entfernen.
6. Das **Minikreiderädchen** trägt mit dem feinen Rädchen feinsten Kreidestaub sehr leicht und fein auf den Stoff auf – ideal für dünne Stoffe.
7. **Zauberkreide** oder **Zauberstifte** sind ebenfalls für Markierungen auf den Stoffen gedacht. Sie verschwinden von alleine, wenn auch manche erst nach dem Waschen.
8. **Rollschneider** eignen sich zum schnellen, sauberen und einfachen Zuschneiden, selbst von ganz feinen Stoffen. Sie sollten sie nur in Verbindung mit einer speziellen Schneidematte benutzen.
9. **Schneidematte** zum Zuschneiden mit dem Rollschneider.
10. **Kopierpapier** und **Kopierrädchen** sind zum Kopieren bzw. Übertragen von Schnittteilen auf den Stoff wichtig. So erkennen Sie exakt die Nahtlinien.
11. Eine **Papierschere** braucht man zum Ausschneiden der Papierschnitte.

Pflegetipps

Pflegesymbole für Textilien

WASCHEN (Waschbottich)	95	95	60	60	40	40	40	30	30	30		
	Normalwaschgang	Schonwaschgang	Normalwaschgang	Schonwaschgang	Normalwaschgang	Schonwaschgang	Spezialschonwaschgang	Normalwaschgang	Schonwaschgang	Spezialschonwaschgang	Handwäsche	nicht waschen
	Die Zahlen im Waschbottich entsprechen den maximalen Waschtemperaturen, die nicht überschritten werden dürfen. – Der Balken unterhalb des Waschbottichs verlangt nach einer (mechanisch) milderen Behandlung (z. B. Schongang). – Er kennzeichnet Waschzyklen, die sich z. B. speziell für pflegeleichte und mechanisch empfindliche Artikel eignen. Der doppelte Balken kennzeichnet Waschzyklen mit weiter minimierter Mechanik, z. B. für Wolle.											

TROCKNEN IM TUMBLER (Wäschetrockner)			
	Trocknen im Tumbler möglich normale Temperatur, normaler Trockenzyklus	Trocknen im Tumbler möglich niedrige Temperatur, normaler Trockenzyklus	nicht im Tumbler Trocknen
	Die *Punkte* kennzeichnen die Trocknungsstufe im Tumbler (Wäschetrockner)		

BÜGELN (Bügeleisen)				
	heiß bügeln (200 °C)	mäßig heiß bügeln (150 °C)	nicht heiß bügeln (110 °C) Vorsicht beim Bügeln mit Dampf	nicht bügeln
	Die *Punkte* kennzeichnen die Temperaturbereiche der Reglerbügeleisen.			

	P	P	F	F	
	professionelle Textilreinigung normales Verfahren	professionelle Textilreinigung Schonverfahren	professionelle Textilreinigung normales Verfahren	professionelle Textilreinigung Schonverfahren	nicht professionell reinigen

Bügeln

„Gut gebügelt ist halb genäht" – sagt ein Schneidersprichwort. Und das stimmt. Denn wer jede genähte Naht sauber ausbügelt, kann die Folgenaht viel leichter nähen. Am besten ist ein Bügeleisen mit Dampf geeignet. Damit werden auch dickere und sehr knittrige Stoffe wie Leinen oder Jeans schön glatt. Des Weiteren brauchen Sie ein Bügelbrett und – wer ein wenig Mode nähen möchte – auch ein Ärmelbrett. Bügeln Sie die Stoffe immer von der linken Seite, damit der Stoff nicht glänzt oder der Oberstoff beschädigt wird. Mit einem Bügeltuch decken Sie hitzeempfindliche Stoffe ab und schonen das Bügelgut. Denken Sie beim Bügeln immer an die richtige Bügeltemperatur.

Tipps & Tricks

- Kontrollieren Sie öfters die Unterseite Ihres Bügeleisens und reinigen Sie es bei Bedarf. Denn wenn sich auf der Bügelsohle Flecken oder Klebereste von einer Einlage-Vlieseline befinden, brennen sie leicht in den Stoff ein, und das Bügeleisen ist immer schwerer sauber zu bekommen. Verwenden Sie hierfür am besten einen speziellen Bügeleisenreiniger aus dem Fachhandel.

2 Zuschnitt

Die Voraussetzung für ein schönes und passgenaues Nähen ist der Zuschnitt. So mancher traut sich zu Anfang nicht, in den neu erworbenen Stoff einzuschneiden, aber wenn Sie einige Grundregeln beherzigen, kann nichts schiefgehen. Wichtig beim Zuschneiden ist, dass Sie genügend Stoff haben, um den Papierschnitt richtig auf dem Stoff zu platzieren. Stoffmengen für den jeweiligen Schnitt werden in diesem Buch mit angegeben und auch die Schnitte aus dem Handel sind mit Stoffmengen-Empfehlungen versehen.
Bügeln Sie Ihren Stoff vorher und glätten Sie auch Stoffbruchkanten, indem Sie doppeltliegende Stoffe öffnen. Naturfaserstoffe waschen Sie am besten vor dem Zuschnitt, damit sie später nicht einlaufen.
Legen Sie die linke Stoffseite für den Zuschnitt nach oben. So können Sie all Ihre Schnittmarkierungen auf den Stoff aufzeichnen, ohne dass man sie auf der rechten Stoffseite sieht. Auf dem jeweiligen Schnittteil ist markiert, ob Sie den Stoff einmal oder zweimal benötigen. Brauchen Sie die Schnittteile einmal, legen Sie den Stoff einfach, brauchen Sie sie zweimal, legen Sie den Stoff doppelt rechts auf rechts. Bei einem Musterdruck ist die rechte Stoffseite deutlich zu erkennen, bei Maschen-, Jersey- und Strickwaren unterscheiden Sie die rechten und linken Maschen, bei Samt- und Veloursstoffen ist die rechte Seite flauschig. Bei Stoffen aber, bei denen kaum einen Unterschied zu sehen ist, achten Sie auf die Webkante. Sie verläuft an den Längsseiten des Stoffes und weist kleine Löcher auf. Dabei ist die glattere Seite der Einstiche die linke Seite.

Hinweise

- Stoffe mit großen Mustern oder Karostoffe haben beim Zuschnitt in der Regel einen etwas höheren Stoffverbrauch als in den Schnitten angegeben.

- Markieren Sie bei sehr vielen Schnittteilen die zugeschnittenen Teile, damit beim späteren Zusammennähen nichts verwechselt werden kann.

Tipps & Tricks

- Möchten Sie einen wertvollen Stoff verarbeiten, sollten Sie erst aus einem alten Stoff einen Probezuschnitt machen – so gewinnen Sie Sicherheit und beim tatsächlichen Zuschnitt kann nichts mehr schiefgehen.

Grundlagen

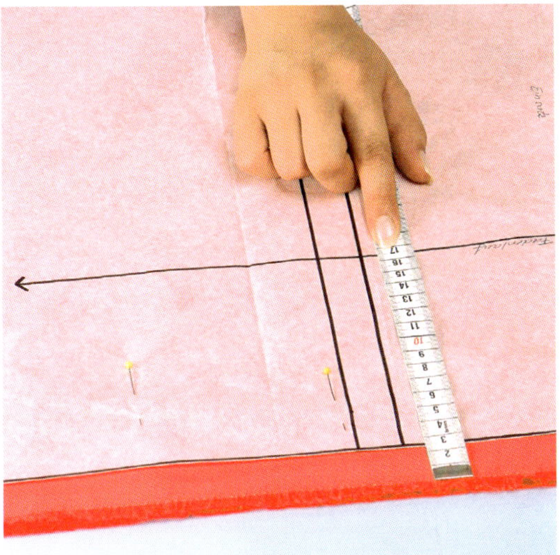

Fadenlauf

Jeder Stoff hat einen Fadenlauf immer der Länge nach parallel zur Webkante bzw. zum Stoffbruch. Wenn Sie Schnittteile auflegen, beachten Sie unbedingt die darauf gekennzeichneten Linien für den Fadenlauf. Diese müssen parallel zum Fadenlauf auf dem Stoff verlaufen. Stecken Sie hierfür zunächst nur das obere Ende des Schnittes auf den Stoff, messen Sie dann von beiden Enden des markierten Fadenlaufes auf dem Schnitt den jeweiligen Abstand zur Webkante und verschieben Sie den Schnitt so lange, bis der Abstand gleich ist. Danach stecken Sie den Schnitt mit Stecknadeln in einem Abstand von 3 bis 5 cm rundum fest. Falls Sie das vergessen, fällt der Stoff „schräg" und es hat den Anschein, als ob das Stoffstück verzogen wäre.

Nahtzugaben

Nahtzugaben werden beim Zuschnitt mitgeschnitten und beim Nähen wieder weggenäht. Sie sollten möglichst gleichmäßig breit sein, da sie beim Nähen wieder exakt aufeinandergelegt werden. Bei manchen Schnitten ist die Nahtzugabe schon mit angegeben (Sie müssen hier nur am Papierschnitt entlang schneiden), bei manchen müssen Sie sie zum Schnitt hinzurechnen. Als Faustregel gilt: bei Seitennähten, Schulternähten, Ärmellängsnähten etwa 2 cm, bei Rundungen wie Armkugel, Ausschnitten, Kragen oder Aufsetztaschen 1 cm, und Säume haben meist eine Zugabe von 3 bis 4 cm. Zeichnen Sie diese mit einem Kopierrädchen den Schnitt entlang an oder markieren Sie sie mit einem kleinen Handmaß und Schneiderkreide auf der linken Stoffseite. Es reichen dabei Striche in einem Abstand von 1 bis 2 cm. Bei langen geraden Strecken können Sie mit einem Lineal lange Linien ziehen.

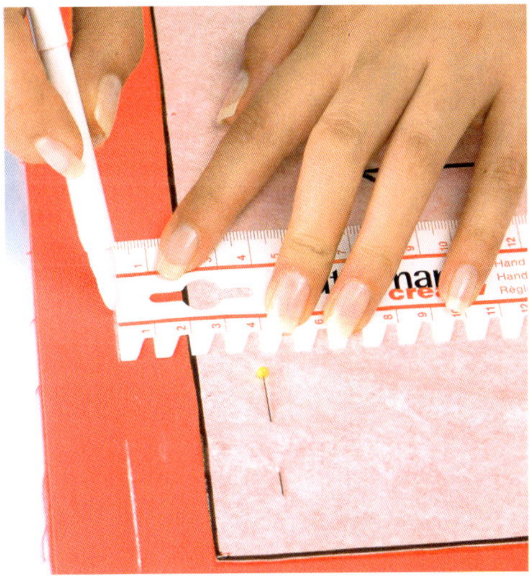

Strichrichtung

Bei Samt, Cord, Frottier, Kunst-Veloursleder, Leder oder Flauschstoffen müssen Sie beim Zuschnitt auf die Strichrichtung (den Flor) achten, um keine verschiedenen Schattierungen bei Ihrem Nähteil zu haben. Die Strichrichtung soll bei allen Schnittteilen gleich sein. Wenn Sie mit der Handfläche entlang dem Fadenlauf über den Stoff streichen und einen kleinen Widerstand spüren, gleiten Sie „gegen die Strichrichtung". Spüren Sie keinen Widerstand, gleiten Sie mit dem Strich über den Stoff.

Wichtig!

- Beim Zuschnitt von Stoffen, die einen Musterdruck haben, müssen Sie darauf achten, dass alle Schnitteile in eine Richtung gelegt werden, damit Blumen oder andere markante Muster nicht Kopf stehen. Am besten weisen dafür alle unteren Schnittkanten in eine Richtung.

Hinweis

- Schneiden Sie bei einfachen Schnitten überall die exakt gleiche Nahtzugabe dazu, müssen Sie die Nahtlinien nicht mehr auf den Stoff übertragen, sondern können die Stoffkante mit einem Kantenführer, die den meisten Maschinen beiliegt, oder anhand der Hilfslinien auf der Stichplatte exakt daran entlang führen. So werden Ihre Nähte immer gleichmäßig breit und Sie sparen sich viel Zeit.

Schnitt auflegen

Tipps & Tricks

- Markieren Sie bei sehr vielen Schnittteilen, was es für Teile sind – damit beim späteren Zusammennähen nichts verwechselt wird.

Wichtig

- Bevor Sie zuschneiden, kontrollieren Sie noch einmal in Ruhe, ob alle Schnittteile richtig aufgelegt und gesteckt sind.

Beim Auflegen des Schnittes sollten Sie vorher überlegen, ob Sie auf dem doppelt gelegten oder auf dem einfach gelegten Stoff zuschneiden möchten. Haben Sie einen Stoff gewählt, der eine Strichrichtung, ein aufwendiges Muster, einen Karodruck oder einen breiten Streifendruck hat, sollten Sie ihn einfach legen. Hat er das nicht, legen Sie den Stoff doppelt zusammen, also Webkante auf Webkante immer der Länge nach. Dadurch bildet sich auf der gegenüberliegenden Seite der Stoffbruch. Beim Kauf eines doppelt liegenden Stoffes ist er bereits so zusammengefaltet.

Schnittteile auflegen

Den Stoff rechts auf rechts, also die schöne Seite liegt innen, auf einen großen Tisch oder notfalls auf den Boden legen. Die Schnittteile auflegen, dabei auf den Fadenlauf (siehe Seite 21) und gegebenenfalls auf die Strichrichtung (siehe Seite 21) achten. Hat der Stoff weder eine Strichrichtung, noch ein Muster, legen Sie die Schnittteile der Länge nach auf. Markieren Sie nun die Schnittteile.

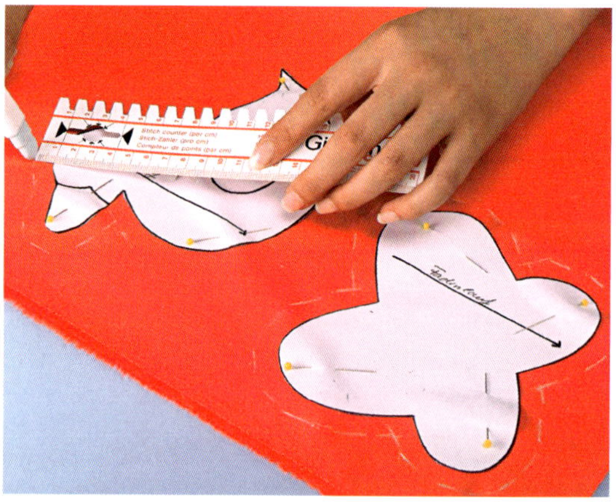

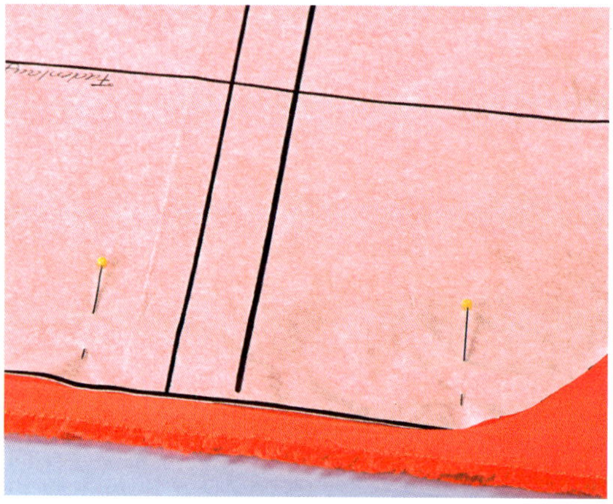

An Webkante anlegen

An die Webkante werden die Schnittteile angelegt, die eine Naht bzw. eine Nahtzugabe brauchen. Den Stoff rechts auf rechts der Länge nach falten und den Schnitt mit der Markierung wie etwa „Hintere Mitte Naht“ mit einem Abstand von 2 bis 3 cm an die Webkante legen. Ist die Webkante schön „verarbeitet“ und nicht zu breit, kann diese direkt als bereits versäuberte Nahtzugabe verwendet werden. Dies ist beispielsweise für Innennähte an Taschen sinnvoll.

Am Stoffbruch anlegen

An den Stoffbruch, also die Stoffkante, die umgefaltet liegt, werden die Schnittteile angelegt, die doppelt benötigt werden, aber keine Naht haben dürfen, wie zum Beispiel die vordere Mitte eines Pareos, eines Rockes, eines vorderen Oberteiles oder auch eines Rucksacks. Hierfür den Stoff rechts auf rechts der Länge nach falten. Den Schnitt mit der Markierung „Vordere Mitte Stoffbruch“ direkt an den gelegten Stoffbruch legen. Sie können sich immer wieder einen neuen Stoffbruch legen, indem Sie den Stoff im Fadenlauf, also der Länge nach und parallel zur Webkante falten. So sparen Sie Stoff.

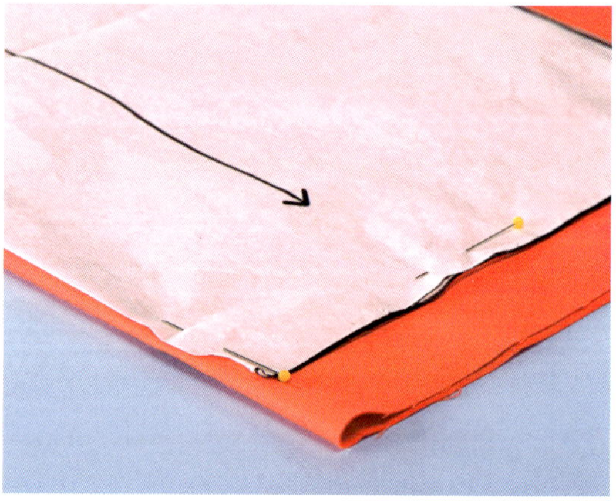

Besondere Stoffe zuschneiden

Tipps & Tricks

- Kalkulieren Sie beim Kauf des Stoffes immer etwas mehr ein – denn je nach Karogröße bzw. Rapportabstand müssen Sie den Schnitt etwas großzügiger auf den Stoff legen. Auf diese Weise erhöht sich der Stoffverbrauch.

Karostoffe

Karierte Stoffe sind je nach Muster nicht immer ganz einfach zuzuschneiden und zu verarbeiten, doch je größer der Karodruck ist, desto einfacher wird auch das Zuschneiden. Man spricht in Fachkreisen von gleichseitigem und ungleichseitigem Karomuster. Bei den gleichseitigen Karos (Foto oben) laufen die Linien in beide Richtungen gleich, das heißt man kann den Stoff in beide Richtungen zuschneiden (sofern das die Strichrichtung erlaubt). Ungleichseitige Karos (Foto unten) können nur in eine Richtung geschnitten werden. Achten Sie beim Auflegen der Schnitte darauf, dass beim Nähen die Quer- und Längsstreifen genau aufeinandertreffen.
Beim Karostoff empfiehlt es sich, auf einfachem Stoff zuzuschneiden. Allerdings müssen Sie dann die Schnitte, die zweimal gebraucht werden, spiegelverkehrt ein zweites Mal zuschneiden. Legen Sie den Stoff doppelt, müssen Sie ihn vorher ganz exakt zusammenstecken, damit die Streifen bzw. Karomuster genau und deckungsgleich aufeinanderliegen. Achten Sie beim Auflegen der Schnitte auch darauf, dass beispielsweise ein breiter Karosteifen oder die Lücke zweier Karostreifen genau in der Mitte des Modells liegen. Auch die Saumkanten etwa für zwei Gardinen sollten gleichmäßig enden. Und bei aufgesetzten Taschen sollte das Karomuster mit dem Karomuster des Unterstoffes übereinstimmen.

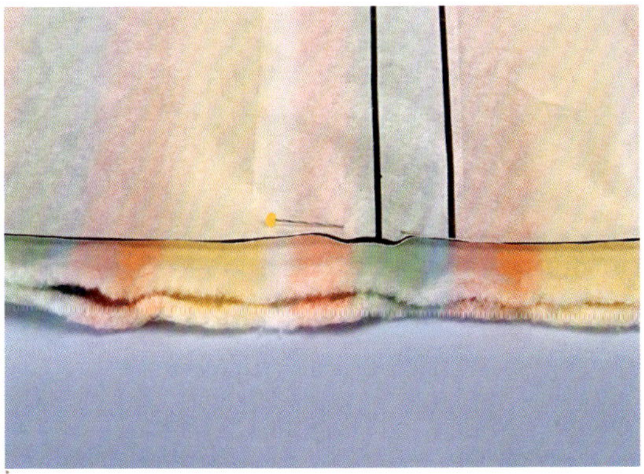

Streifen

Streifen müssen beim Nähen immer zusammentreffen. Dazu den Stoff genau übereinanderlegen und alle 3 bis 5 cm Stecknadeln in den Stoff stecken, um ein Verschieben des Stoffes zu verhindern. Immer wieder kontrollieren, ob die Streifen übereinanderliegen. Die Schnittteile anhand der eingezeichneten Markierungslinien richtig auf den Stoff legen. Die Quernähte sollen so aufeinanderliegen, dass die Streifen exakt aufeinandertreffen.

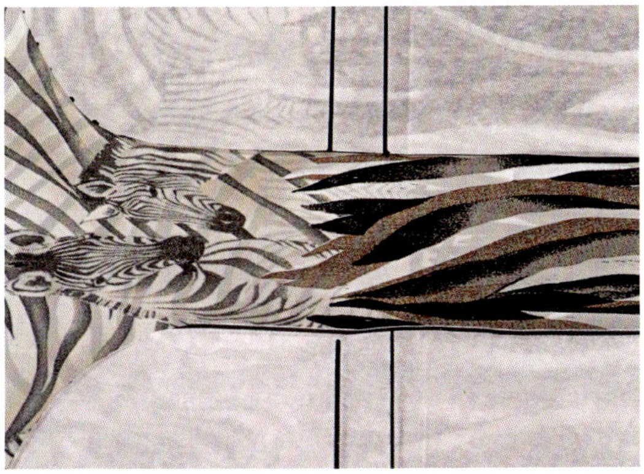

Rapporte

Als Rapport bezeichnet man ein Muster das sich regelmäßig wiederholt. Den Stoff rechts auf rechts legen. Dabei die Rapporte genau übereinanderstecken. Jetzt die Schnittteile so auflegen, dass sie immer mit dem Rapport übereinstimmen. Liegt ein Schnittteil genau am Stoffbruch, sollten Sie den Schnitt so auflegen, dass das Muster durch die Mitte läuft. Unbedingt darauf achten, wo der Rapport am Schnittteil anfangen soll – ein markant aussehender Rapport soll nicht erst ganz unten im Schnittteil auftauchen, sondern schon weiter oben.

Schnitt übertragen

Tipps & Tricks

- Bevor Sie den Schnitt wieder vom Stoff entfernen, vermerken Sie auf dem Stoff, um welches Teil es sich jeweils handelt. Schreiben Sie beispielsweise ein „V“ für das Vorderteil oder ein „B“ für Band. Dies ist vor allem bei mehreren Schnittteilen wichtig, die sich sehr ähnlich sind.

- Hat der Schnitt Abnäher, schneiden Sie ihn am besten vorher aus dem Papierschnitt aus, damit er an den Linien entlang ebenfalls mit der Schneiderkreide markiert werden kann.

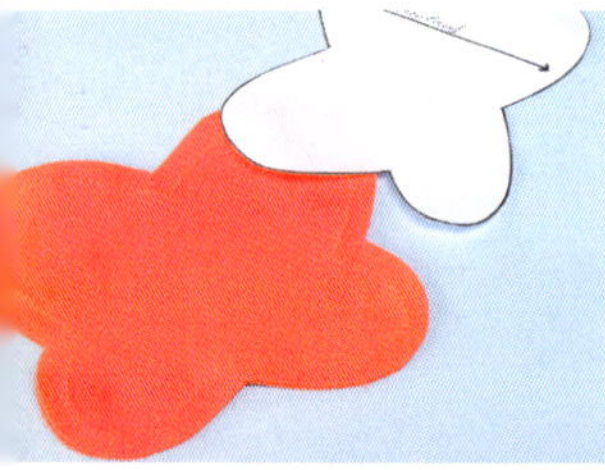

- Sollen Säume eingeschlagen werden, zeichnen Sie sie in der Saumbreite mit Zauberkreide oder einem Markierungsstift an. Anschließend umstecken und umbügeln.

Den ersten großen Schritt haben Sie nun geschafft – den Zuschnitt! Nun werden die Schnittteile, die sich noch auf dem Stoff befinden, kontrolliert und eventuelle Markierungen auf den Stoff übertragen. Das machen Sie entweder mit der Schneiderkreide, dem Minikreiderädchen oder einem selbst löschenden Markierungsstift (siehe Seite 18).

Übertragen mit Kreide

Entlang der Außenlinien des Schnittes mit dem Kreiderädchen die Konturlinien sorgfältig markieren. Dabei entgegen der Zugrichtung den Stoff stets ein wenig festhalten.

Übertragen mit Kopierrädchen

Hintere Stoffseite rädeln

Das Kopierpapier mit der beschichteten Seite nach oben unter die beiden Stofflagen legen. Mit dem Kopierrädchen an den Schnittaußenkanten entlang radeln.

Vordere Stoffseite rädeln

Auf der Rückseite des Zuschnitts sieht man kleine Punkte, die beim Nähen als Nahtlinien dienen sollen. Auch Abnäher oder Ansatzlinien für das Zusammensetzen von mehreren Teilen lassen sich auf diese Weise bequem durchkopieren.

Schnittteil entfernen

Das Schnittteil erst dann entfernen, wenn Sie sich vergewissert haben, dass alle Markierungen kopiert sind. Falls nicht: Einfach noch einmal nachrädeln.

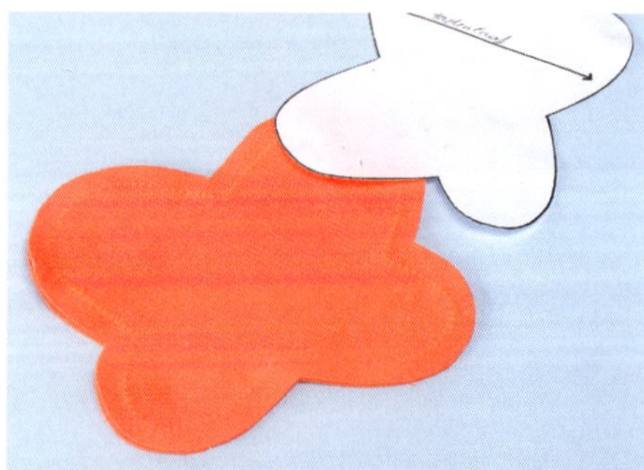

Stoff durchschlagen

Diese etwas ältere Methode wird vor allem bei Stoffen verwendet, die das Kopierpapier nicht annehmen, oder bei solchen, die sehr locker gewebt sind und bei denen die Linien des Kopierrädchens auf der rechten Stoffseite sichtbar wären.

Heften

Mit einer größeren Handnähnadel und einem doppelt eingefädelten Heftfaden lange Vorstiche entlang der Nahtlinien nähen, dabei aber nur jeden zweiten Stich als lange Schlaufe stehen lassen. Den Nahtanfang und das Ende mit ein paar Stichen vernähen.

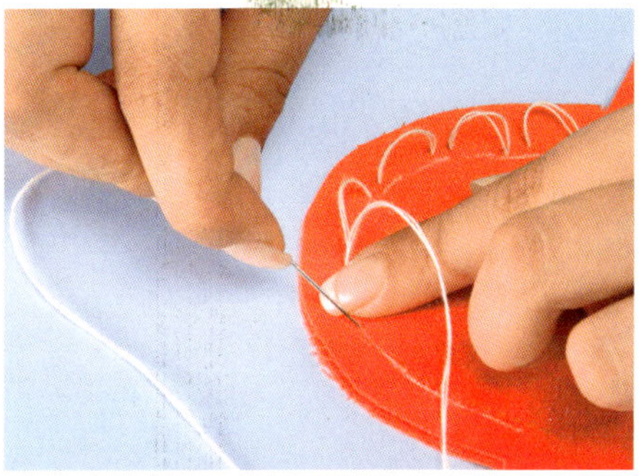

Heftfaden durchtrennen

Anschließend die beiden Stoffteile auseinanderziehen, bis die Schlaufen flach liegen. Danach die Fäden zwischen den beiden Stofflagen durchschneiden. Somit sind beide Stofflagen markiert.

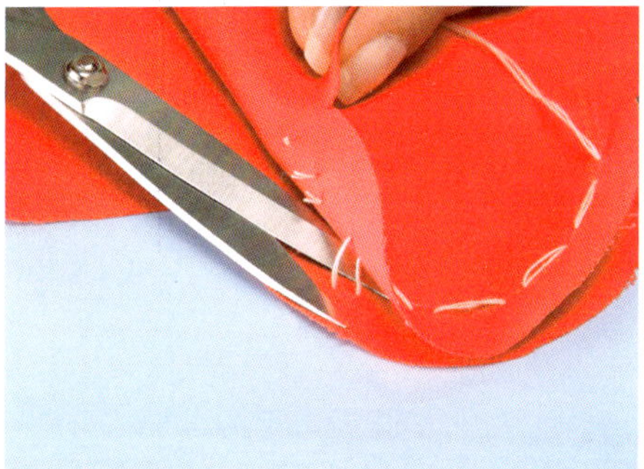

Schnittmarkierungen übertragen

Bei einigen Schnittteilen ist es erforderlich, Schnittlinien bzw. Markierungen auf die rechte Stoffseite zu übertragen, zum Beispiel zum Anzeichnen von Knopflöchern, zum Aufsetzen von Schlingen und von Applikationen oder zum Faltenlegen. Hierfür gibt es mehrere Möglichkeiten:

Mit Stecknadeln markieren

Die Stellen mit Stecknadeln in einem geringen Abstand markieren, die Sie direkt vor dem Nähen wieder entfernen.

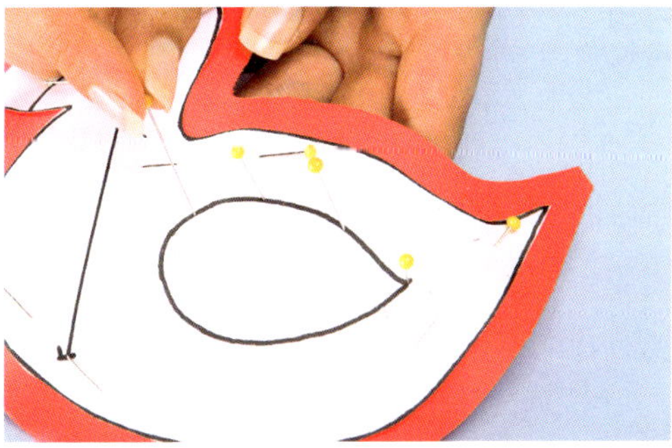

Mit Markierstift markieren

Die mit Nadeln markierten Stellen mit einem selbstlöschenden Markierstift oder Zauberkreide auf der rechten Seite markieren (siehe Seite 18).

Tipps & Tricks

- Achten Sie auf alle Markierungen, die sich auf dem Papierschnitt befinden. Bevor Sie den Schnitt vom Stoff nehmen, kontrollieren Sie unbedingt nochmals alle markierten Stellen.
- Sollen Falten gelegt werden, können Sie hierfür kleine Einschnitte am Faltenanfang und -ende mit der Schere an der äußeren Stoffkante machen. Diese Einschnitte sollten nur 3 mm lang sein.

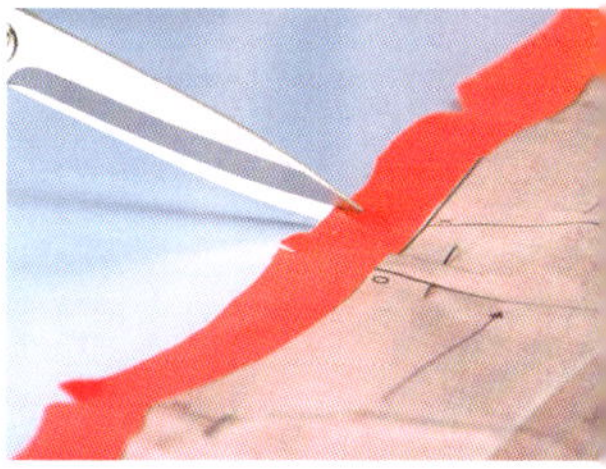

3 Steppstich

Wichtig

- Da das Einfädeln und Aufspulen von Maschine zu Maschine verschieden ist, beachten Sie dafür unbedingt die Bedienungsanleitung Ihrer Nähmaschine.

Ihre Grundausstattung

In den einzelnen Materiallisten finden Sie jeweils genaue Angaben zu Stoffen und weiterem Material. Die folgenden Dinge werden nicht mehr aufgeführt:

- Nadeln
- Schere
- Maßband
- Kopierpapier
- Stecknadeln
- Bügeleisen
- Markierstift
- Schneiderkreide
- Handmaß

Jede Nähmaschine hat verschiedene sogenannte Nutzstiche, also Stiche, die zum Nähen verwendet werden. Der wichtigste ist der Stepp- bzw. Geradstich. Es ist der Basisstich, den jede Nähmaschine besitzt und mit dem alle Stoffe miteinander verbunden werden können. Die Stichlänge lässt sich variieren: Je länger der Stich, desto lockerer wird auch die Naht. Also alles, was beansprucht werden soll, lieber mit einer etwas kürzeren Stichlänge nähen.
Bevor Sie mit dem eigentlichen Nähen starten, prüfen Sie noch einmal, ob alles gut vorbereitet ist. Haben Sie die Fäden richtig eingefädelt? Das ist sehr wichtig, da Fehlstiche auftreten können, wenn der Oberfaden nicht richtig eingelegt ist. Spannen Sie den Oberfaden mit beiden Händen, der Nähfuß steht in oberer Position. So gleitet der Faden zwischen die Spannungsscheiben der Oberfadenspannung. Kontrollieren Sie, ob die Oberfadenspannung richtig eingestellt ist (siehe Seite 8). Fädeln Sie den Faden auch in die Nähmaschinennadel ein, indem Sie ihn von vorne nach hinten durch das Nadelöhr führen. Halten Sie den Oberfaden fest und drehen Sie das Handrad zu sich nach vorne, bis die Nadel ab- und wieder auftaucht und so den Unterfaden nach oben holt. Nun die beiden Fäden nach hinten unter den Nähfuß legen.
Zur Vorbereitung des Nähens gehört natürlich auch das Aufspulen der Unterspule mit Nähgarn. Spulen Sie hierzu vom Obergarn je nach Nähumfang die Spule halb bis ganz voll auf. Und nicht zu vergessen: Haben Sie die richtige Nähmaschinennadel (siehe Seite 14) und den richtigen Nähfuß (siehe Seite 7)? Dann kann es losgehen.

Stoffe zusammenstecken

Bevor Sie mit dem Nähen beginnen, ist es wichtig, die zugeschnittenen Stoffteile genau übereinanderzulegen und zusammenzustecken bzw. zu heften. Legen Sie dafür die Stoffteile rechts auf rechts übereinander und achten Sie darauf, dass die Schnittkanten genau zusammenliegen. Stecken Sie die Stoffteile mit den Stecknadeln in einem Abstand von ca. 5 cm zusammen. Beachten Sie dabei Ihre markierten Nahtlinien.

Heften

Heften dient als lockeres Zusammennähen der Stoffteile, die sich auf diese Weise beim Nähen mit der Nähmaschine nicht mehr verschieben können. Verwenden Sie hierfür den Heftfaden (siehe Seite 14). Er lässt sich leicht reißen und kann wieder einfach entfernt werden. Mit dem Heft- oder Vorstich können Sie mehrere Stofflagen aufeinandernähen oder auch Taschen, Borten und andere Teile auf einen Stoff aufheften. Auch Linien lassen sich so markieren oder Positionen, an denen Knöpfe oder Bänder angenäht werden sollen.

Faden einfädeln

Zum Heften einen ca. 80 cm langen Heftfaden von der Rolle abschneiden. Den Faden in eine große Handnähnadel einfädeln und ein Ende mit einem Doppelknoten versehen, damit der Faden nicht wieder aus dem Stoff herausrutschen kann.

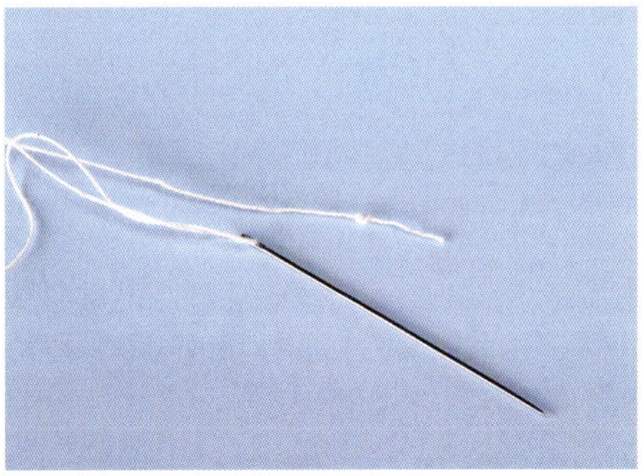

Von rechts nach links nähen

Genäht wird von rechts nach links: Den Stoff mit der linken Hand festhalten und mit der rechten Hand mit der Nadel abwechselnd einmal von oben und in einem Abstand von 1,5 bis 2 cm Länge einmal von unten durch den Stoff stechen. Nach 3 bis 4 Stichen den Faden festziehen.

Naht sichern

Jetzt den Stoff wieder glatt ziehen und die nächsten 3 bis 4 Stiche nähen. Dabei bestimmen Sie die Stichlänge. Je kleiner der Stich, desto haltbarer wird die Naht. Am Ende der Naht mehrere Vor- und Rückstiche auf derselben Stelle nähen, dadurch wird die Naht gefestigt und kann nicht so leicht aufgehen. Danach den Faden kurz abschneiden.

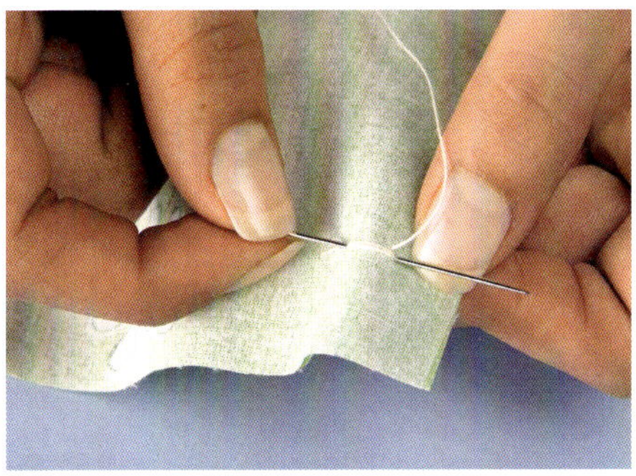

Tipps & Tricks

- Eine gut eingestellte und vorbereitete Nähmaschine ermöglicht einen optimalen Stich und ein schönes Nähergebnis. Machen Sie immer auf einem ähnlichen Probestoff eine kleine Nähprobe.
- Zum Zusammenstecken großer Stoffteile oder dicker Stoffe sind längere Stecknadeln mit einem Glas- oder Kunststoffkopf sehr nützlich. Sie lassen sich besser durch dicke Stoffe stecken und wieder leicht entfernen.
- Haben Sie Schwierigkeiten, den Faden in das Nadelöhr zu fädeln, nehmen Sie sich einen Nadeleinfädler für die Handnähnadel zu Hilfe. Den bekommen Sie in jedem Nähgeschäft.

Steppstich nähen

Wichtig

◆ Ziehen Sie den Stoff während des Nähens leicht nach hinten weg. Dadurch haben Sie stets eine glatte Naht und die Führung des Stoffes fällt Ihnen leichter. Machen Sie auch immer wieder einen kleinen Nähstopp, um den Stoff vor dem Nähfuß neu richten zu können.

Tipps & Tricks

◆ Sollte sich der Stoff beim Nähen zusammenziehen, ist entweder die Fadenspannung zu fest oder das Garn zu dick.

Hinweis

◆ Bei Nähanleitungen wird häufig das Wort „steppen“ benutzt. Das bedeutet nichts weiter, als eine Naht mit dem Steppstich (Geradstich) zu nähen.

Nachdem Sie kontrolliert haben, ob die Stoffteile richtig geheftet sind und sich keine Stecknadeln mehr im Nähgut befinden, können Sie mit dem Nähen beginnen. Wählen Sie den Steppstich Ihrer Nähmaschine und stellen Sie die Stichlänge zwischen 2 mm und 3 mm ein.

Richtig beginnen

Den Stoff so unter den Nähfuß legen, dass die Nähmaschinennadel in die ersten Millimeter des Stoffes bzw. der Stoffkante und direkt neben der gehefteten Naht in den Stoff sticht.

Näfuß absenken

Den Nähfuß auf den Stoff absenken. Zur Kontrolle die Nähmaschinennadel mit dem Handrad in den Stoff einstechen lassen. Ist die Position nicht korrekt, den Nähfuß anheben und den Stoff so platzieren, dass die Nadel genau in den Anfangspunkt einstechen kann.

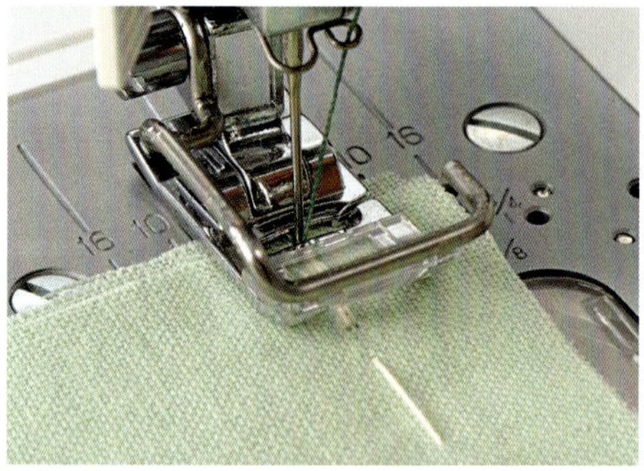

Erste Stiche nähen

Mit der linken Hand die Nähfäden und den Stoff seitlich vom Nähfuß etwas festhalten. Die rechte Hand führt den Stoff während des Nähens leicht vor dem Nähfuß. Nun durch leichten Druck auf das Fußpedal ein paar Stiche genau auf der markierten Nahtlinie nähen.

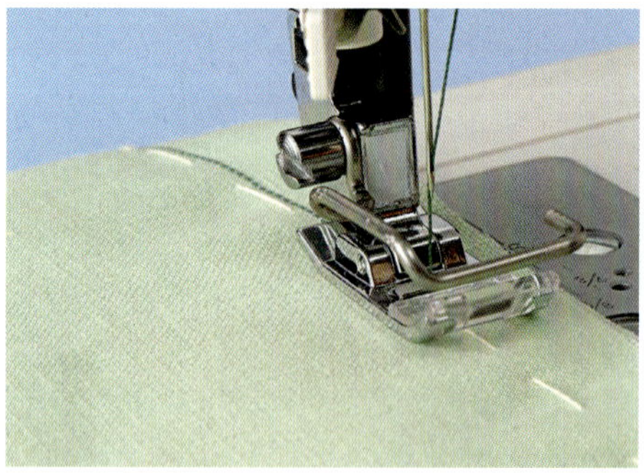

PROFITIPP

Volants nähen

Durch Verlängern der Stichlänge auf 4 bis 6 mm kräuseln Sie Stoffbahnen zu Volants ein: Hierfür die Oberfadenspannung etwas lockern und zwei Nähte in einem Abstand von ca. 1 cm parallel zur Stoffkante nähen, dabei den Nahtanfang und das Ende nicht vernähen. Die zwei überstehenden Oberfäden gleichzeitig entgegen der Nährichtung ziehen, dabei zieht sich der Stoff zusammen. Anschließend die Fadenenden verknoten.

Naht vernähen

Um zu verhindern, dass die Naht wieder aufgeht, und um eine Sicherheit am Anfang und am Ende zu gewährleisten, ist es wichtig, die Nahtanfänge und -enden zu vernähen bzw. zu verriegeln. Dafür gibt es verschiedene Methoden.

Verriegeln am Nahtanfang

Nähen Sie 3 bis 5 Stiche vorwärts, stoppen Sie den Nähvorgang und drücken Sie auf die Rückwärtstaste Ihrer Nähmaschine. Die Maschine näht nun zurück. Dabei die Stiche zählen bzw. darauf achten, dass Sie nicht über die Stoffkante hinaus nähen. Am Nahtanfang wieder stoppen und die Maschine erneut auf Vorwärtsnähen umstellen. Nun die gewünschte Nahtlänge nähen. Dabei immer auf eine gerade Führung des Stoffes achten.

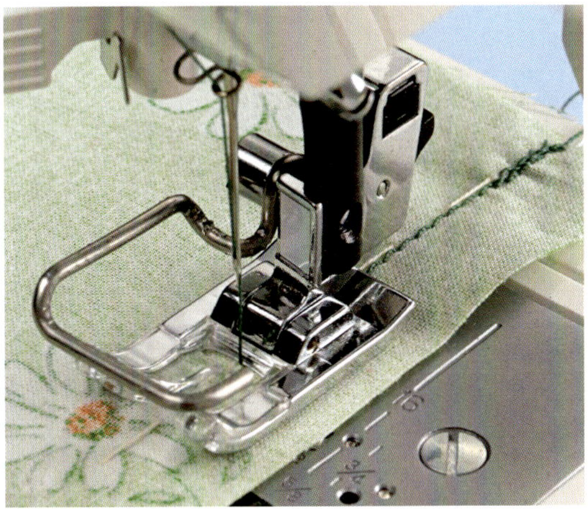

Verriegeln am Nahtende

Am Ende der Naht direkt an der Stoffkante bzw. einen Millimeter davor die Naht beenden. Dabei wieder erst 3 bis 5 Stiche zurück-, und anschließend die gleiche Stichzahl nach vorne nähen. Nach Beendigung der Naht den Nähfuß anheben, den Stoff seitlich herausziehen und die Fäden an der Stoffkante abschneiden.

Verriegeln mit der Hand

Die Nähfäden ca. 10 cm lang stehen lassen. Mit der einen Hand eine Schlaufe bilden und das Fadenende durch die Schlaufe ziehen. Nun eine Nadel durch die Schlaufe legen und an den Fadenenden den Faden festziehen, bis sich ein Knoten direkt am Stoff bzw. an dem Nahtende bildet.

Absteppen

Tipps & Tricks

- Möchten Sie dem Abgesteppten noch eine besondere Note geben, dann verwenden Sie verschiedenfarbene oder leicht glänzende Nähgarne.

- Möchten Sie mehrere kleine Stoffteile zusammennähen, zunächst das erste Stoffstück nähen, am Ende der Naht den Nähfuß nicht anheben, sondern das zweite Stoffteil direkt daranlegen, und dieses nähen und so fortfahren, bis Sie alle Teile genäht haben. Zum Schluss die Fäden zwischen den eng aneinanderliegenden Teilen aufschneiden.

So manches Nähteil muss nach dem Zusammennähen noch von der rechten Stoffseite abgesteppt werden – meist mit dem Steppstich. Dies ist etwa bei Taschen der Fall, die noch aufgenäht werden müssen, oder bei Ziernähten, die von der rechten Seite verwendet werden. Umgeschlagene Kanten etwa von Säumen steppt man dagegen von der linken Seite ab, damit man die Saumbreite zum Absteppen besser erkennt und die Absteppnaht eine gleichmäßige Breite erhält. Stellen Sie in beiden Fällen eine etwas längere Stichlänge zwischen 3 und 4 mm ein. Die am häufigsten angewendete Form ist das Absteppen von Kanten wie beispielsweise an Tischsets oder Taschen.

Stoffkante umbügeln

1 Die Stoffkante einmal 1 cm auf die linke Seite einbügeln, danach noch einmal 1 cm umbügeln. Anschließend den Saum mit der Hand umheften.

Kante absteppen

2 Den Stoff mit der linken Seite unter die Nähmaschine legen. Die Nadel sticht dabei knapp in die umgeschlagene Saumkante ein. Nun die Kante gleichmäßig absteppen. Achten Sie darauf, dass der Ober- und der Unterfaden die gleiche Farbe haben.

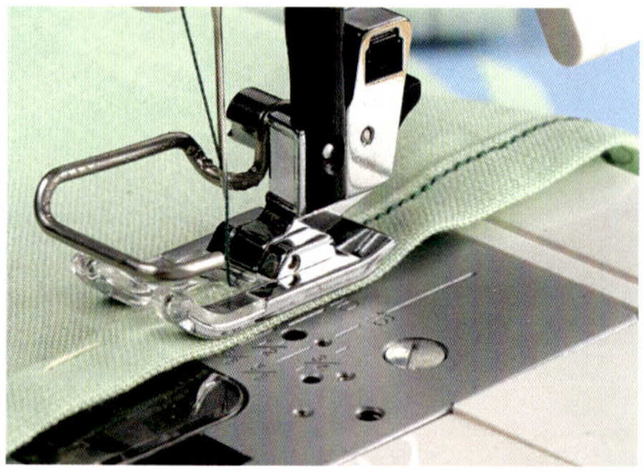

Nahtenden verknoten

3 Die Fäden jeweils am Nahanfang und -ende nach hinten ziehen und verknoten.

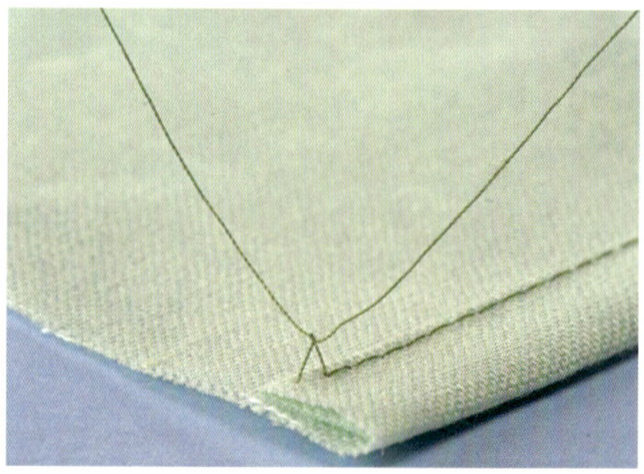

Auftrennen

Zum Nähen gehört natürlich auch das Auftrennen. Es kann immer wieder vorkommen, dass die Naht nicht so exakt genäht ist, wie man möchte, oder sie nicht auf der gezeichneten Nahtlinie liegt, oder gar das Nähteil zu eng oder zu weit gefertigt wurde. In diesen Fällen muss die Naht sehr vorsichtig – am besten mit einem Faden- oder Pfeiltrenner (siehe Seite 18) – aufgetrennt werden, ohne den Stoff zu beschädigen. Dabei gilt: Je länger die Stichlänge, desto einfacher ist die Naht aufzutrennen.

Offene Naht trennen

Mit der spitzen Seite des Faden- oder Pfeiltrenners vorsichtig unter den genähten Stich auf der linken Stoffseite gehen. Den Fadentrenner so weit nach vorne schieben, bis der Nähfaden an die Schneide gerät und durchschnitten wird.

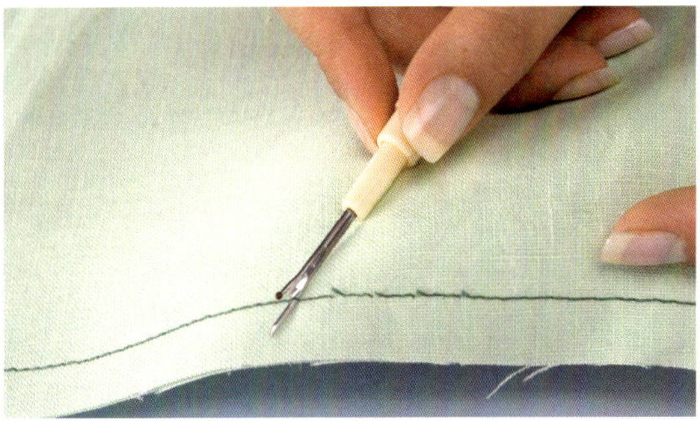

Etwa jeden dritten Stich auf einer Länge von ca. 5 cm durchschneiden, dann den Stoff wenden, den Faden auf der linken Seite herausziehen und abschneiden. Diesen Vorgang so lange wiederholen, bis die Naht aufgetrennt ist.

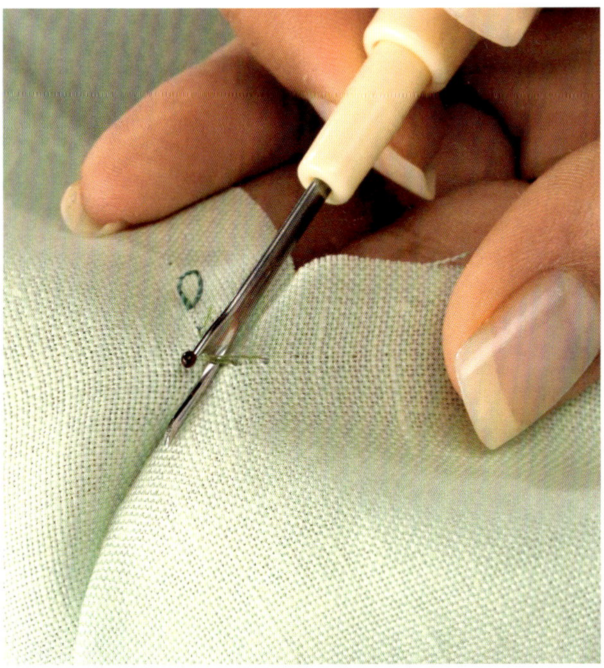

Genähte Naht trennen

Viel getragene und gewaschene Kleidungsstücke lassen sich relativ schwer auftrennen, da sich der Nähfaden immer mehr mit dem Gewebe des Stoffes verbindet. Relativ einfach geht es aber, wenn Sie den Stoff von der rechten Seite fest auseinanderziehen, bis der Stich zwischen den Nähten sichtbar wird. Dann mit dem Fadentrenner vorsichtig den Nähfaden fassen und durchtrennen. Nun Stück für Stück den Stoff auseinanderziehen und die Nähte aufschneiden.

Tipps & Tricks

- Die Nahttrenner oder auch Pfeil- oder Fadentrenner finden Sie in jedem Nähgeschäft. Bei manchen Nähmaschinen gehören sie auch zum Zubehör mit dazu.
- Wenn sich die Nähte nicht so gut vom Stoff abheben, da sie dieselbe Farbe haben, nehmen Sie zum Trennen am besten eine Lupe zu Hilfe, um den Stoff nicht zu beschädigen.

Teelichtgläser-Hüllen

Zuschnitt
Aus dem Filz jeweils einen Streifen von 6 cm für die Höhe plus 1,5 cm Nahtzugabe sowie von ca. 12 cm für die Breite plus 3 cm Nahtzugabe zuschneiden.

Anleitung
Am unteren Rand die Nahtzugabe von 1,5 cm nach innen bügeln. Mit einem Markierstift eine Linie von ca. 0,5 cm vom Rand anzeichnen und von der rechten Seite die Kante auf dieser Linie absteppen. Am oberen Rand drei Absteppnähte in gewünschtem Abstand nähen. Danach die Hülle mit Stecknadeln um das Teelichtglas fixieren und die Hülle wieder abziehen. Die Naht hinten schließen, dabei am Nahtanfang und -ende vernähen. Die Nahtzugabe nach Belieben mit Stoffkleber am Stoff festkleben.

Größe
ca. 5 bis 6 cm hoch,
ø ca. 5 cm

Material
- Filz in Grün und Orange, 1 bis 2 mm dick, je 10 cm x 20 cm
- Allesnäher-Nähgarn in Orange und Grün
- 2 bis 3 Teelichtgläser, ø ca. 6 cm
- evtl. Stoffkleber

Ideeninsel

Größe
ø der vier Kreise: 13 cm, 11 cm, 9 cm, 5 cm

Material pro Untersetzer
- Bastelfilz in Hellblau, 1 bis 3 mm dick, 14 x 14 cm
- Bastelfilz in Türkis, 1 bis 3 mm dick, 12 x 12 cm
- Bastelfilz in Grün, 1 bis 3 mm dick, 10 x 10 cm
- Bastelfilz in Orange, 1 bis 3 mm dick, 6 x 6 cm
- Deko-Nähgarn für die Nähmaschine
- evtl. Sprühfixierer

Glasuntersetzer

Zuschnitt
Mit einem Zirkel oder entsprechenden Kreisvorlagen mit einem Markierungsstift die Kreise jeweils entsprechend der Angaben ohne Nahtzugaben auf den Filzstoff übertragen und mit einer Schere oder einem Kreisschneider zuschneiden.

Anleitung
Die vier Kreise übereinander legen (evtl. mit einem Sprühfixierer ankleben), feststecken und auf dem inneren Kreis alle vier Kreise sternenförmig mit dem Steppstich aufeinandersteppen.

Nadelkissen mit Perlenband

Zuschnitt

Aus der orangefarbenen Wildseide ein Quadrat von 12 cm x 12 cm und aus der grünen Seide vier Streifen von jeweils 16 cm x 4 cm sowie ein weiteres Quadrat von 15 cm x 15 cm für die Rückseite zuschneiden. Bei allen Angaben ist eine Nahtzugabe von 1 cm enthalten.

Anleitung

Alle vier grünen Streifen folgendermaßen an das orangefarbene Innenteil nähen: Den ersten Streifen rechts auf rechts mit dem Steppstich füßchenbreit an das innere Quadrat nähen. Den Streifen nach außen bügeln. Den zweiten Streifen ebenso annähen, dabei den ersten mitfassen und ebenfalls nach außen bügeln. Den dritten und vierten Streifen auf dieselbe Weise annähen. Das fertige Quadrat links auf links auf die Rückseite legen und anstecken. Mit dem Steppstich das innere Quadrat umnähen. Dabei eine Öffnung von ca. 4 cm zum Füllen offen stehen lassen. Das innere Quadrat mit Füllwatte ausstopfen, anschließend die innere Naht schließen. Nun die Außenkante 1,5 cm nach hinten einschlagen, feststecken und füßchenbreit mit dem Steppstich absteppen. Zum Schluss die Perlenborte mit Steppstich rundum von der rechten Seite auf den grünen Streifen aufsteppen.

Größe

ohne Rand
ca. 10 cm x 10 cm
Rand ca. 1,5 cm

Material

- Wildseide in Orange, 15 cm x 15 cm
- Wildseide in Grün, 15 cm x 25 cm
- Maschinen-Nähgarn in Orange und Grün
- Perlenborte in Ocker, ca. 1 cm breit, 50 cm
- Füllwatte

Steppstich

Größe

ca. 17 cm x 6 cm,
oberer Streifen 4 cm breit

Material

- Walkloden in Hellgrün, 2 bis 3 mm dick, 20 cm x 10 cm
- Walkloden in Petrol, 2 bis 3 mm dick, 20 cm x 5 cm
- Satinband in Türkis, 0,5 cm breit, 100 cm
- dickes Nähgarn in Hellgrün und Orange
- Nähgarn in Türkis

Armband

Zuschnitt

Jeweils ohne Nahtzugaben aus dem hellgrünen Walkloden einen Streifen von 17 cm x 6 cm und aus dem petrolfarbenen einen Streifen von 17 cm x 4 cm (oder Maße je nach Handgelenkumfang) zuschneiden. Vom türkisfarbenen Satinband für die Schlaufe 6 cm, für die Mitte 16 cm und für das Bindeband 70 cm abschneiden.

Anleitung

Den petrolfarbenen Streifen mittig auf den hellgrünen legen und feststecken. Mit einem Markierstift oder mit Schneiderkreide Linien aufzeichnen. Mit der Handnähnadel und einem etwas dickeren Handnähgarn in den gewünschten Farben mit einem Heftstich die beiden Stofflagen zusammennähen. Am Ende die Fadenenden nach hinten ziehen und verknoten. Das Satinband für die Mitte am oberen und unteren Ende 1 cm nach innen falten, auf die Mitte des Armbandes legen, feststecken und heften. Mit dem Steppstich an beiden Außenkanten knapp aufsteppen. An den Außenkanten des grünen Walklodens ebenfalls mit je zwei Steppnähten eine Ziernaht bilden. Die Schlaufe legen, unter das Armband stecken und aufnähen. Das Bindeband mittig falten, an das andere Ende des Bandes stecken, mit dem Steppstich aufnähen und verriegeln.

4 Weitere Stiche

Tipps & Tricks

◆ Die weiteren Stiche Ihrer Nähmaschine sind entweder auf ihrer Frontseite oder auf ihrem Deckel aufgedruckt, oder in der Bedienungsanleitung extra beschrieben. Probieren Sie sie aus, Sie werden staunen, was Ihre Nähmaschine alles kann.

Natürlich gibt es noch viel mehr Stiche als nur den Steppstich. Er ist die Basis, nun können Sie tiefer in die Nähwelt einsteigen. Man unterscheidet zwischen den unelastischen Nutzstichen für Stoffe, die sich nicht dehnen, und den elastischen Stichen für dehnbare Stoffe. Diese Stiche machen beim Nähen eine Vorwärts- und Rückwärtsbewegung und bilden so genügend Fadenschlingen, um sich mit dem dehnbaren Stoff mitzudehnen. Das ist sehr wichtig, da sonst die Nähte beim Tragen immer wieder aufreißen und Sie die Nähte ständig nachbessern müssen. Mit einem Stretchstich kann die genähte Naht jedoch nicht so leicht aufplatzen.

Zum Nähen dieser Stiche benötigen Sie kein spezielles Nähgarn, der Allesnäher (siehe Seite 14), den Sie auch bisher verwendet haben, ist ideal für alle Stiche. Je nach Stoff müssen Sie allerdings eine entsprechende Nadel (siehe Seite 14) verwenden.

Hat Ihre Maschine keine Stretchstiche, nähen Sie elastische Stoffe am besten mit einem schmal eingestellten Zickzackstich und versäubern mit einem breiteren Zickzackstich separat. Der Zickzackstich ersetzt zwar nicht die sehr elastischen und professionell aussehenden Stretchstiche, aber er hilft Ihnen zumindest vorübergehend, auch solche Stoffe zu verarbeiten.

Zickzackstich

Der Zickzackstich ist nach dem Steppstich der am häufigsten verwendete Nutzstich. Er wird überwiegend für Nahtversäuberungen und zum großzügigen Versäubern von Schnittkanten an fast allen Stoffen verwendet. Durch seine verschiedenen Breiten- und Längeneinstellungen lassen sich mit ihm sowohl dicke, feste als auch elastische Stoffe verarbeiten und versäubern. Je dicker der Stoff, desto breiter wird der Zickzackstich eingestellt.

Verschiedene Breiten

Franst der Stoff stark, stellen Sie den Zickzackstich am besten etwas breiter ein, also auf 4 bis 6 mm (Foto oben). Achten Sie darauf, dass sich die Stoffkante beim Versäubern nicht zu sehr einrollt. Tut sie es doch, verschmälern Sie die Stichbreite (auf 4 mm) und führen Sie den Stoff nur halb unter dem Nähfuß hindurch.
Für feinere Stoffe wird der mittlere (Foto unten rechts) bzw. schmalere (Foto unten links) Zickzackstich zum Versäubern verwendet. Stellen Sie dabei eine Breite von 2 bis 3 mm ein. Der Fuß läuft auch hier nicht komplett auf der Stoffkante, sondern wird ebenfalls nur halb unter den Nähfuß gelegt. Das verhindert das Einrollen der Stoffkante.

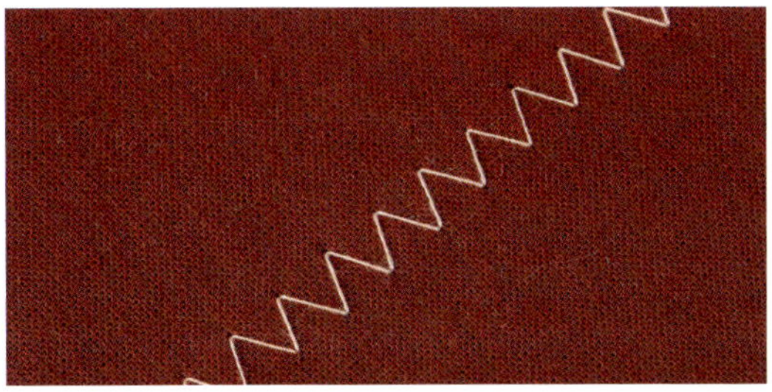

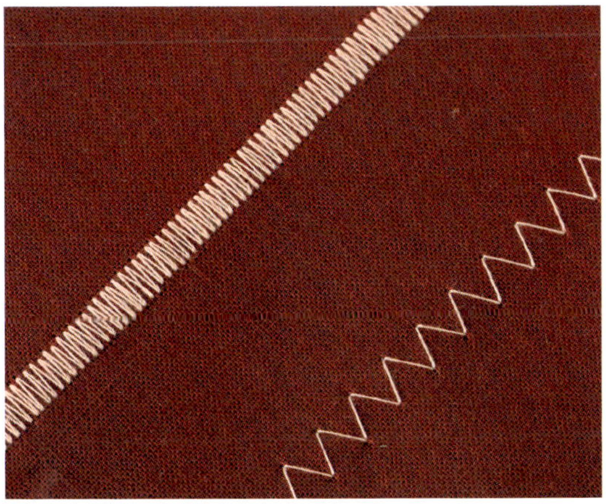

Verschiedene Längen

Je weniger die Schnittkante ausfranst, desto weniger dicht muss der Zickzackstich eingestellt werden. Ist er zu dicht, kann es sein, dass die Nähmaschine den Stoff nicht mehr transportiert. Deshalb zunächst langsam starten und bei Bedarf die Stichlänge wieder verlängern.
Bei weniger fransenden Stoffen am besten die Stichdichte etwas länger stellen, also zwischen 2 und 3,5 mm. Franst der Stoff stärker, sollte die Stichdichte etwas enger zwischen 1,5 und 2,5 mm eingestellt werden.

Raupennaht

Dieser Stich wird so dicht eingestellt, dass kein Stoff mehr durchscheint. Er ist ideal für Ziersteppereinen auf Homedeco und besonders effektvoll, wenn Sie ein Stickgarn als Obergarn verwenden. Die Stichbreite stellen Sie zwischen 3 und 7 mm ein, (je nach Nähmaschinenmodell), die Stichlänge zwischen 0,5 und 1 mm.

Hinweis

- Fangen Sie nicht ganz am Stoffanfang bzw. im „Leeren“ an zu nähen. Geben Sie ein paar Millimeter Stoff unter den Nähfuß. Dann kann der Stoff besser eingeschoben und transportiert werden und Sie haben am Nahtanfang keine Schwierigkeiten.

Tipps & Tricks

- Der Zickzackstich eignet sich aber auch für Absteppabeiten an Stoffoberflächen, um diese dekorativ aufzupeppen. Dazu das Obergarn in einer etwas anderen Farbe als die des Stoffes einfädeln und den Zickzackstich in einer Breite von 3 bis 4 mm und einer Länge von ca. 2 mm einstellen.

Tipps & Tricks

- Wenn Sie hauchdünne Stoffe wie im Profitipp beschrieben versäubern, führen Sie den Stoff vorne und ziehen ihn hinten leicht und gleichmäßig mit. Verwenden Sie für dünne Stoffe eine Nadel Stärke 70 oder eine Jerseynadel.

- Möchten Sie eine dehnbare Naht haben, stellen Sie den Zickzackstich am besten so schmal wie möglich ein (ca. 0,5 mm). So eignet er sich zum Zusammennähen dehnbarer Stoffe und ist dabei leicht elastisch.

Neben der Schnittkante versäubern

Nahtzugaben auseinanderbügeln

Die Nahtzugaben der bereits genähten Naht auseinanderbügeln und unebene Schnittkanten mit der Schere gerade schneiden.

Stich richtig einstellen

Den Zickzackstich so einstellen, dass er nicht zu dicht genäht wird: etwa zwischen 2,5 und 4 mm breit und zwischen 1 und 2,5 mm lang – je nach Stoff und Nähmaschine. Den Nähfuß so auf die Stoffkante herabsenken, dass er noch knapp auf der Stoffkante sitzt.

Zickzackstich nähen

Nahe der Schnittkante den Zickzackstich entlangnähen. Aber Achtung: Er darf nicht über die Kante hinausstechen. Überschüssige Stoffkante vorsichtig entlang des Zickzacksstiches wegschneiden. Dabei den Zickzackstich nicht aufschneiden.

PROFITIPP

An der Schnittkante versäubern

Um hauchdünne Stoffe zu versäubern, die genähte Naht auseinanderbügeln und den Zickzackstich entsprechend dem Stoff einstellen. Den Nähfuß so auf die Schnittkante setzen, dass die linke Nähfußhälfte auf dem Stoff liegt und die rechte Nähfußhälfte im „Leeren" sitzt. Die Nadel sticht beim Zickzackstich links in den Stoff und rechts ins Leere. Dadurch wird die Zickzack-Versäuberungskante schön gleichmäßig und der Stoff rollt sich nicht zu stark ein.

Genähter Zickzackstich/ Elastikstich

Dieser Zickzackstich sieht auf den ersten Blick aus wie der Basis-Zickzackstich, hat aber noch mehrere Einstiche in den Diagonallinien. Die Nadel sticht also nicht nur links und rechts in den Stoff, sondern auch noch dazwischen. Das macht ihn beim Verarbeiten bzw. Versäubern von dehnbaren Stoffen sehr elastisch. Er ist außerdem besonders geeignet, um poröse Stoffstellen auszubessern, da die zahlreichen Einstiche die Stofffasern wieder neu verbinden und der Stich nicht nur wie ein normaler Zickzackstich übersticht. Der Stoff wird dabei nicht zusammengezogen, sondern behält seine strukturierte Oberfläche. Der genähte Zickzackstich wird ebenfalls als dekorative Absteppnaht auf Textilien verwendet. Einfach ein Effektgarn als Obergarn einfädeln und über die Stoffoberfläche steppen.

Dehnbare Stoffe versäubern

Stich richtig vorbereiten

Die bereits genähte Naht ist auseinandergebügelt. Den Stich dem Stoff entsprechend einstellen – jedoch soll die Stichlänge nicht zu dicht sein. Den Nähfuß so auf die Stoffkante setzen, dass er knapp an der Schnittkante läuft.

Elastikstich nähen

Die Nadel sticht beim Nähen komplett in den Stoff, jedoch knapp neben der Schnittkante ein. Entlang der Schnittkante den Stoff versäubern. Überstehende Stoffkante vorsichtig abschneiden.

Schadhafte Stellen ausbessern

Bei größeren schadhaften Stellen ein Bügelvlies unter die schadhafte Stelle bügeln. Den Elastikstich auf die breiteste Breite (zwischen 4 und 7 mm) und die Stichlänge je nach Stoffdicke etwas dichter einstellen, also zwischen 1,5 und 2,5 mm. Den Stoff so unter den Nähfuß legen, dass die rechte Seite oben liegt. Der Nähfuß steht genau über der Mitte der schadhaften Stelle. Den Nähfuß absenken und genau über die schadhafte Stelle nähen. Nach dem Nähen die Fäden am Nahtanfang und -ende nach hinten ziehen und verknoten.

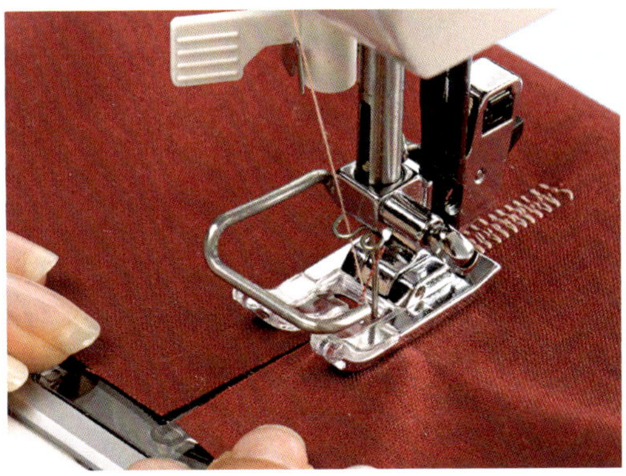

Hinweise

- Denken Sie immer daran, Ober- und Untergarn in der entsprechenden Farbe einzufädeln. Sie können für all diese Näharbeiten das normale Allzwecknähgarn verwenden.
- Auch beim Elastikstich kann man sowohl die Stichbreite – je nach Nähmaschinenmodell von 0,5 bis 6 mm –, als auch die Stichlänge verstellen – je nach Maschinenmodell von 0,5 bis 6 mm. Je kleiner die Zahl, desto schmaler bzw. dichter wird der Stich. Achten Sie bei dünnen Stoffen darauf, dass der Stich nicht zu dicht eingestellt wird.

Tipps & Tricks

- Sie können mit dem Elastikstich auch größere Löcher ausbessern, indem Sie auf die große schadhafte Stelle ein quadratisch zugeschnittenes Stoffstück in ähnlicher Größe legen und die schadhafte Stelle im Quadrat umnähen. Anschließend die überschüssigen Stoffkanten von links zurückschneiden.

Overlockstich

Der Overlockstich wird hauptsächlich an Stoffkanten, also zum Zusammennähen von dehnbaren Stoffteilen eingesetzt. Mit ihm können Sie dehnbare Stoffe in einem Arbeitsgang zusammennähen und versäubern, da er den Steppstich und den Zickzackstich in einem Arbeitsgang näht und dabei elastisch ist.

Offener Overlockstich

1 Stoff heften

Den zugeschnittenen Stoff rechts auf rechts so zusammenlegen, dass die Schnittkanten exakt aufeinanderliegen.

2 Stich vorbereiten

Den Overlockstich auf die breiteste Breite einstellen. Die Stichlänge je nach Stoff auswählen. Den Stoff unter den Nähfuß legen. Dabei soll die Schnittkante mit der inneren, rechten Aussparungslinie des Nähfußes abschließen. Darauf achten, dass die Nadel am Nahtanfang nicht ins Leere sticht.

3 Offenen Stich nähen

Die Nadel sticht nun links und rechts im Wechsel in den Stoff ein. Dabei wird der Stoff auch ein wenig nach vorne und hinten bewegt. Den Stoff dabei mit der linken Hand links vom Nähfuß und mit der rechten Hand vor dem Nähfuß führen. Am Nahtende die Fäden etwas länger stehen lassen und verknoten.

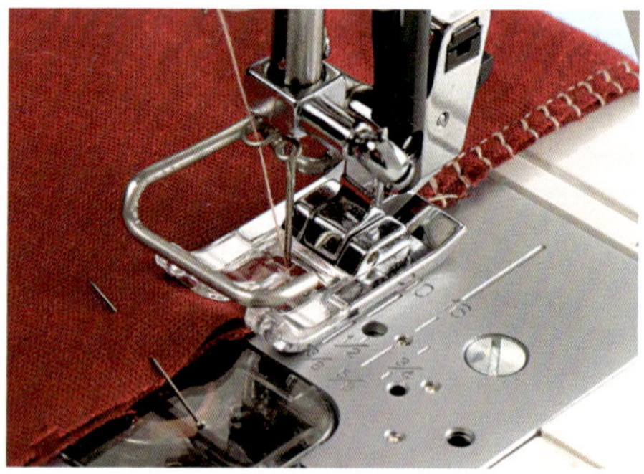

Geschlossener Overlockstich

Der geschlossene Overlockstich wird genauso gearbeitet wie der offene. Dieser Stich hat eine geschlossenere rechte Kante und ist somit für Stoffe geeignet, die stärker ausfransen.

Hinweis

◆ Im Handel werden spezielle Overlock-Nähmaschinen angeboten, die – ähnlich wie die Industrie-Overlocker – ein Ober- und ein Untermesser haben, das die Stoffkanten abschneidet. Diese Maschinen arbeiten mit 3 bis 5 Fäden.

Tipps & Tricks

◆ Schauen Sie nach, welchen Overlockstich Ihre Nähmaschine bietet. Falls sie keinen hat, verwenden Sie alternativ den Steppstich und den Zickzackstich.

◆ Die Overlocknähte müssen auf eine Seite gebügelt werden. Legen Sie hierfür ein Bügeltuch auf die rechte Stoffseite und streichen Sie die Naht erst vorsichtig auf eine Seite, danach können Sie mit leichtem Druck nachbügeln.

Wabenstich

Breite Säume mit dem Wabenstich

Saum vorbereiten

Ober- und Unterfaden in derselben Farbe einfädeln. Die Stoffkante für den Saum in der gewünschten Breite (2 bis 4 cm) mit Schneiderkreide anzeichnen, umstecken, umbügeln und mit der Hand anheften. Den Stoff so unter den Nähfuß legen, dass die linke Seite oben ist. Die Oberfadenspannung evtl. leicht erhöhen, damit die Fadenspannung auf der rechten Stoffseite auch ideal aussieht.

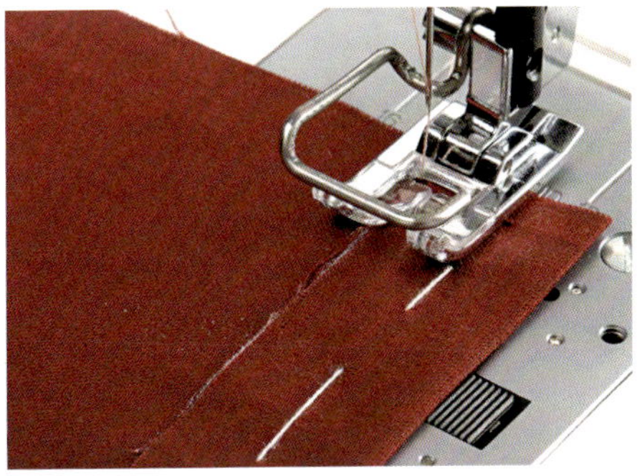

Saum nähen

Die Nadel soll beim Nähen die Saumkante umstechen, also in die rechte Schnittkante des Saumumschlages einstechen, um diese Kante mit zu fassen. Jetzt kann genäht werden. Während des Nähens den Stoff vorne führen und hinten leicht mit ziehen. Am Ende der Naht den Nähfuß anheben, den Stoff nach hinten wegziehen, die Fäden abschneiden und verknoten.

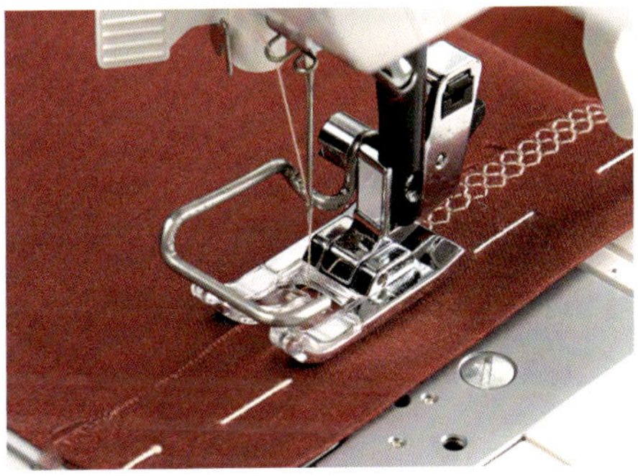

Schmale Säume mit dem Wabenstich

Saum vorbereiten

Ober- und Unterfaden in derselben Farbe einfädeln. Den Saum 1 cm einschlagen und bügeln, danach noch einmal 1 cm umschlagen und wieder bügeln. Den Saum mit Stecknadeln feststecken und heften.

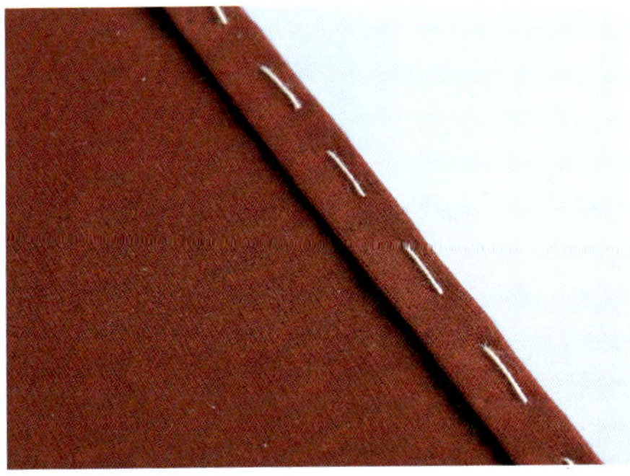

Saum nähen

Den Saum so unter den Nähfuß legen, dass die linke Saumseite nach oben schaut. Den Nähfuß auf den Saumumschlag herabsenken. Dabei soll die umgebügelte, rechts liegende Kante mitgesteppt werden. Mit dem Wabenstich die Saumkante absteppen.

Wichtig

- Der Wabenstich gehört zu den elastischen Stichen und wird hauptsächlich an dehnbaren Stoffen angewendet. Denken Sie also daran, eine Jerseynadel in die Nähmaschine einzusetzen.

Hinweis

- Das Stickvlies ist ein Vliesstoff, der zum Unterlegen von Stickereien, Knopfloch-Näharbeiten, Abstepp- oder Umstepparbeiten und Applikationen verwendet wird. Das Vlies verhindert ein Zusammenziehen des Stoffes. Nach dem Nähen kann es mühelos wieder abgezogen werden und lässt sich so prima entfernen.

Tipps & Tricks

- Mit diesem Stich umnäht man Säume elastischer Stoffe. Er ist aber auch ideal, um Gummifäden an elastische Materialien anzunähen (siehe Seite 51), und eignet sich als dekorative Zier- und Nutznaht.

- Natürlich können Sie auch Baumwoll- oder Leinenstoffe mit dem Wabenstich einsäumen oder absteppen. Wenn Sie noch ein schönes Nähmaschinen-Effektgarn als Oberfaden einfädeln, erzielen Sie interessante Ziereffekte.

Tischset

Zuschnitt
Für den fadengeraden Zuschnitt zuerst einmal im Leinenstoff Fäden ziehen. Dazu bei den Maßen 45 cm x 35 cm mit einer Nadel jeweils einen Faden aus dem Leinenstoff herausziehen. An diesen Stellen nun das Set fadengerade zuschneiden.

Anleitung
Die Längskanten jeweils 1 cm gleichmäßig einbügeln und ca. 2 cm umbügeln, und zwar so, dass die Kanten auf die rechte Stoffseite umgeschlagen werden. Bei einem zweifarbigen Stoff hat dies einen besonders schönen Effekt. Die Schmalseiten genauso umbügeln. Die Kanten mit Nadeln feststecken, bei Bedarf anheften. Die umgebügelten Kanten mit dem Zickzackstich in einer Breite von ca. 0,6 mm und einer Länge von ca. 0,5 mm von der rechten Stoffseite knappkantig absteppen. Danach die Fäden am Nahtanfang und -ende nach hinten ziehen und verknoten.

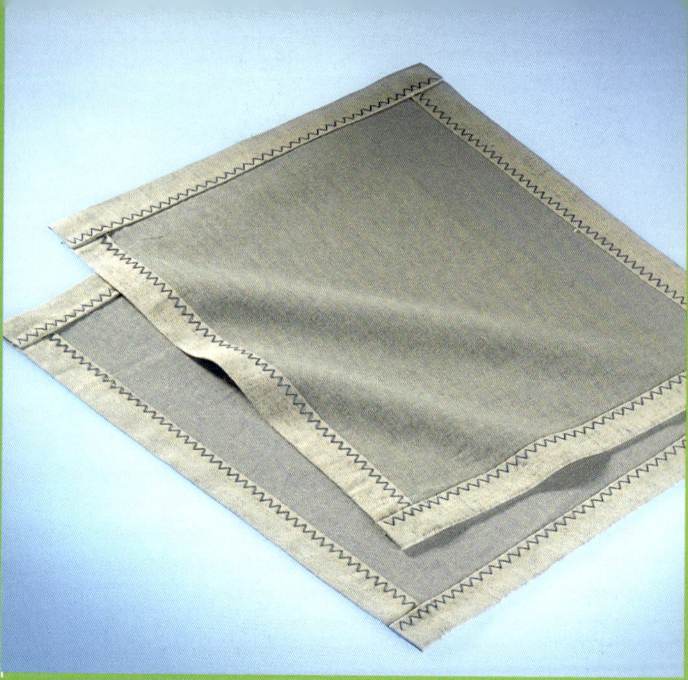

Größe
ca. 38 cm x 28 cm

Material
- zweifarbiger Leinenstoff in Natur/Blau, 50 cm x 40 cm
- etwas dickeres Nähgarn in Mittelblau

Ideeninsel

Größe
ca. 16 cm x 12 cm

Material pro Lavendelsäckchen
- Voile oder Organzastoff in Rosa und Hellblau, je 20 cm x 30 cm
- Spitzenborte in Hellblau und Rosa, 1cm breit, je 30 cm
- Satinband in Weiß, Hellblau und Rosa zum Binden, je 0,5 cm breit, 60 cm
- Nähgarn in Rosa und Hellblau
- Lavendel zum Füllen

Lavendelsäckchen

Zuschnitt
Für jeden Beutel jeweils zwei hellblaue und rosafarbene Stoffstreifen von 18 cm x 25 cm zuschneiden. Darin enthalten ist 1 cm Nahtzugabe.

Anleitung
Die farblich passenden Stoffstreifen jeweils rechts auf rechts aufeinanderlegen, die obere Kante mit dem Steppstich 1 cm breit zusammennähen, wenden und bügeln. Den Stoff wieder rechts auf rechts zusammenlegen und die Seitennaht und die untere Naht mit 1 cm Nahtzugabe zusammennähen. Das Lavendelsäckchen wenden. Danach die Spitzenborte an den oberen, inneren Rand mit dem Steppstich aufnähen, den Anfang und das Ende der Borte dabei einschlagen. Die Säckchen mit Lavendel füllen und mit dem Satinband zusammenbinden.

Kleiderhülle

Zuschnitt
Aus dem Damast das Schnittteil gemäß Schnittmuster einmal plus 2 cm Nahtzugabe, ein Stück à 21 cm x 48 cm und eins von 15 cm x 48 cm mit Rundung zuschneiden. Aus dem blauen Stoff je zweimal 4 cm x 48 cm sowie 8 cm x 48 cm und aus dem grauen Stoff zwei Streifen à 16 cm x 48 cm zuschneiden. Aus dem Volumenvlies zweimal und aus der Vlieseline G 705 einmal das ganze Schnittteil zuschneiden.

Anleitung
Die beiden blauen Streifen an die grauen und die rosafarbenen Vorderteile an die blauen Streifen nähen, die Nähte jeweils ausbügeln. Die Vlieseline auf das Vorderteil bügeln. Mit dem roten Nähgarn parallel zum blauen Streifen den Overlockstich nähen. Das Satinband parallel zum unteren blauen Streifen mit Steppstich aufsteppen. Die untere Saumkanten 2 cm nach innen umbügeln, von rechts mit dem Overlockstich abnähen. Die Außenkanten von Vorder- und Rückseite 1 cm nach innen schlagen und heften. Teile links auf links zusammenstecken und die Seitennähte und die obere Naht knappkantig von rechts mit dem Steppstich zusammensteppen. Dabei in der Mitte der oberen Naht 2 cm für den Bügel offen lassen.

Größe
ca. 44 cm x 54 cm

Material
- Baumwoll-Damast in Rosa, 30 cm x 140 cm
- Baumwollstoff in Hellblau, 10 cm x 140 cm
- Leinenstoff in Grau, 20 cm x 140 cm
- Vlieseline G 705 in Weiß. 55 cm x 45 cm
- Volumenvlies G 640, 55 cm x 45 cm
- Satinband in Bordeaux, ca. 1 cm breit, 90 cm
- Nähgarn in Rosa und Bordeaux

Schnittmuster
Schnittmusterbogen A

Weitere Stiche

Vasenhülle

Zuschnitt
Je ein Schnittteil in Blau und Bordeauxrot gemäß Schnittmuster mit 2 cm Nahtzugabe und das Volumenvlies in 20 cm x 30 cm ohne Nahtzugabe zuschneiden.

Anleitung
Die beiden bordeauxfarbenen Stoffteile rechts auf rechts an das blaue stecken und mit dem Steppstich annähen. Die Nähte auseinanderbügeln. Das Volumenvlies unterbügeln, das Stickvlies für einen besseren Transport darunterlegen und mit dem Wabenstich in der breitesten Stichbreite rechts und links der Nähte von der rechten Seite übersteppen. Dann das Stickvlies wieder abziehen. Die untere Saumkante mit dem Wabenstich einfassen.

Größe
ca. 15 cm Höhe

Material
- Jerseystoff in Bordeauxrot und Blau, je 35 cm x 15 cm
- Volumenvlies H 640, 35 cm x 15 cm
- Nähgarn in Hellblau
- Vase, ø unten 6 cm, oben ø 9 cm
- Stickvlies, 20 cm x 30 cm

Schnittmuster
Schnittmusterbogen A

5 Versäubern

Hinweis

◆ Bei einer genähten Naht haben Sie zwei Nahtzugaben. Wenn der Stoff nicht zu dick ist, können diese Nahtzugaben zusammengebügelt und als eine Naht versäubert werden. Bei dickeren Stoffen bügelt man die Naht auseinander und versäubert dabei jede Nahtzugabe extra.

Tipps & Tricks

◆ Alternativ zum Versäubern werden im Handel verschiedene „Fransenstopp“-Produkte angeboten. Wenn Sie die Nahtzugaben damit einstreichen und eventuell anschließend bügeln, fransen die Stoffkanten ebenfalls nicht aus.

Es gibt Stoffe, die nicht ausfransen und daher nicht versäubert werden müssen – aber das ist die Ausnahme. Zu ihnen gehören Vliesstoffe, Filzstoffe oder manche Walkloden. Die meisten Stoffe müssen allerdings eine Versäuberungsnaht haben, denn spätestens nach dem Waschen oder wenn die Nähteile häufig benutzt werden, fransen die Schnittkanten sonst aus.
Sorgfältig und fachgerecht versäuberte Nähte sehen nicht nur sehr professionell aus, sie schützen den zugeschnittenen Stoff bzw. die sich daraus ergebenden Schnittkanten auch vorm Ausfransen oder Aufribbeln und machen die Naht an sich einfach strapazierfähiger. Fürs Versäubern gibt es viele verschiedene Möglichkeiten. Je nach Stoffart, Dicke, Qualität oder Elastizität des Stoffes kommen ganz verschiedene Techniken zum Einsatz, von denen wir Ihnen in diesem Kapitel die wichtigsten vorstellen möchten. Probieren Sie einfach aus, was Ihnen an den von Ihnen gewählten Stoffen am besten gefällt, und machen Sie eine Nähprobe mit einem Stoffstück, wenn Sie sich nicht sicher sind. Wählen Sie jedoch die Art der Versäuberung so aus, dass Nahtzugaben nicht unnötig verstärkt werden oder sich nach dem Bügeln auf die rechte Stoffseite durchdrücken.

Mit Steppstich

Stoffkante abnähen

Die geschnittene Stoffkante ca. 0,5 cm breit mit dem auf 1 bis 2 mm kurz eingestellten Steppstich abnähen.

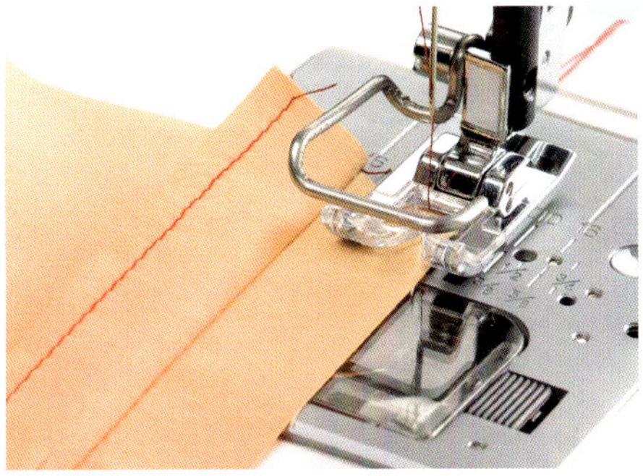

Mit Steppstich absteppen

Die Kante knapp hinter dieser Geradstichlinie umschlagen und umbügeln. Von der oberen Seite nochmals mit dem Steppstich in einem Abstand von ca. 0,5 cm von der umgebügelten Kante übersteppen. Dadurch werden die eventuell auftretenden Fransen aufgehalten.

Hinweise

- Wie Sie Nähte mit dem Zickzackstich versäubern, lesen Sie bitte auf Seite 36, wie sie mit dem Elastikstich versäubert werden, auf Seite 37.

- Für sehr feine Stoffe am besten eine Nadel in 70er Stärke verwenden.

Tipps & Tricks

- Auch für die dekorativen offenkantigen Saumabschlüsse können Sie ein Maschinenstickgarn als Obergarn einfädeln. Als Unterfaden wählen Sie den Allesnäher in derselben Farbe. Dadurch bekommt die Zickzacknaht eine etwas feinere und edlere Note.

Mit der Zackenschere

Säume abschließen

Um Säume von Stoffen abzuschließen, die wenig oder gar nicht fransen, mit einem Lineal und einem selbst löschenden Markierungsstift eine Linie zeichnen und mit der Zackenschere die Kante sauber abschneiden. Bei Neuansätzen darauf achten, dass die Zacken immer wieder in die zuletzt geschnittene Zacke greifen.

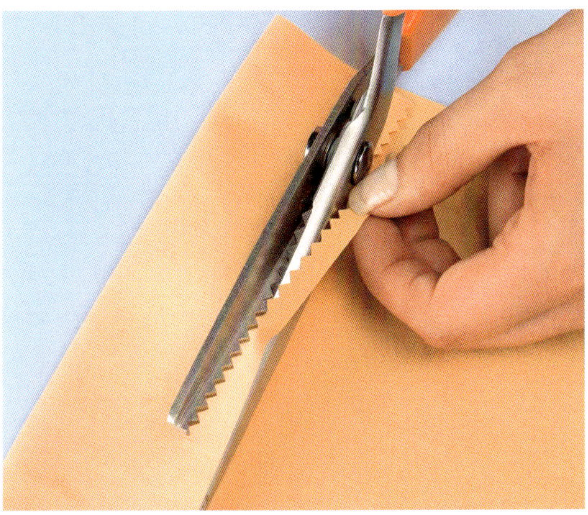

Nahtzugaben versäubern

Bei Nahtzugaben an Stoffen, die ein wenig zum Ausfransen neigen, zuerst ca. 1 cm neben der Schnittkante eine Linie mit dem Steppstich nähen. Danach den überschüssigen Stoff mit der Zackenschere knapp neben der Steppstichnaht abschneiden.

Rollsaum

Tipps & Tricks

- Für die Rollsaumtechnik ist es besonders wichtig, den Zickzackstich der Nähmaschine dem Stoff anzupassen. Genäht muss er ein feines Stichbild haben. Daher vorher am besten eine Nähprobe machen.

Hinweis

- Die Oberfadenspannung bei Bedarf etwas lockern, also zwischen 2,5 und 3 einstellen. Dadurch liegt der Oberfaden etwas lockerer auf der Stoffoberfläche, das Stichbild sieht schöner aus und die Knötchenbildung liegt auf der Stoffrückseite.

Zu den etwas „edleren“ Saumabschlüssen gehört dieser Rollsaum. Er wird gerne für feine Stoffe eingesetzt und findet sich deshalb häufig an Seidenschals, Sommertüchern, Pareos, Volants oder Saumabschlüssen von Gardinen. Durch den feinen Kantenabschluss behält der Stoff seinen weichen Fall.

1 Mit Zickzackstich übernähen

Das Stoffteil mit einer Nahtzugabe von 1 bis 1,5 cm zuschneiden und mit dem Steppstich im Abstand von 1 bis 1,5 cm von der Schnittkante die Saumlinie entlang absteppen. Den Zickzackstich in 4 bis 6 mm Breite und 0,5 bis 1 mm Länge einstellen. Den Stoff so unter den Nähfuß legen, dass die Steppstichnaht genau in der Mitte des Nähfußes läuft. Nun den Zickzackstich genau über die Steppstichnaht nähen.

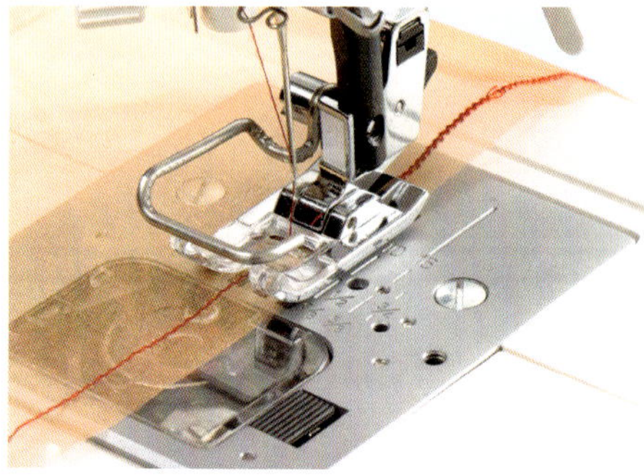

2 Überstehende Stoffkante abschneiden

Den Stich am Ende mit ein paar Rückstichen vernähen. Jetzt vorsichtig die überstehende Stoffkante mit einer scharfen Schere oder dem Rollschneider abschneiden.

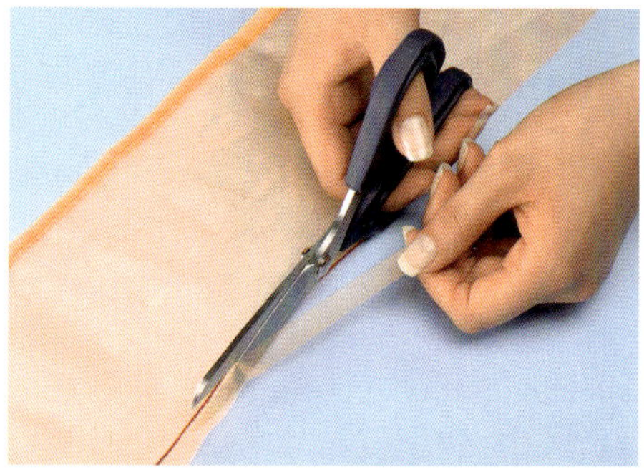

PROFITIPP

Schmal eingeschlagener Rollsaum

Der schmal eingeschlagene Rollsaum eignet sich für dünne und fransende Stoffe und ist für Näheinsteiger besonders gut geeignet. Die Stoffkante erhält dabei auch noch einen zusätzlichen kleinen Halt. Den Stoff ca. 2 cm breit von der rechten Seite auf die linke Seite umbügeln und mit der rechten Seite nach oben unter den Nähfuß legen. Die Nadel soll die umgebügelte Kante dabei umstechen. Die Kante mit dem Zickzackstich (Breite ca. 1,5 bis 2 mm, Länge ca. 0,5 bis 1,5 mm) einfassen. Während des Nähens den Stoff leicht mitführen.

Mit Overlockstich

Die verschiedenen Overlockstiche haben wir ihnen schon auf Seite 38 vorgestellt. Sie eignen sich nicht nur zum Zusammennähen von dehnbaren Stoffteilen, sondern auch hervorragend zum reinen Versäubern, und das nicht nur von dehnbaren Stoffen. Vorausgesetzt die Stoffe sind an den Schnittkanten immer sauber abgeschnitten, lassen sich Sweatshirtware, feine Jerseystoffe, Baumwoll- oder Leinenstoffe damit wunderbar versäubern.

Versäubern mit dem offenen Overlockstich

Wählen Sie den offenen Overlockstich aus und stellen Sie je nach Stoff und Nähmaschine die Breite von 3 mm bis 7 mm ein: Ein dickerer Sweatshirtstoff braucht eine gößere, ein dünnerer Jerseystoff eine geringere Stichbreite. Die Schnittkante so unter den Nähfuß legen, dass die innere Aussparung des Nähfußes genau auf dem Stoffrand liegt. Dabei soll die Nadel rechts genau die Schnittkante fassen und links in den Stoff stechen. Beim Nähen darauf achten, dass der Nähfuß stets gerade auf dem Stoff läuft und die Nadel immer die ganze Stoffkante mitfasst.

Versäubern an umgeschlagener Kante

Möchten Sie dünne Stoffe, beispielsweise einen dünnen Jerseystoff, versäubern, bügeln Sie die Kante ca. 0,5 cm nach innen um, wählen den offenen Overlockstich und legen den Stoff so unter den Nähfuß, dass der Stich die ganze Kante mitfasst. Nun die Kante versäubern. Wenn moglich, die Stichlänge des Overlockstiches verlängern, wir empfehlen eine Länge von 4 bis 6 mm.

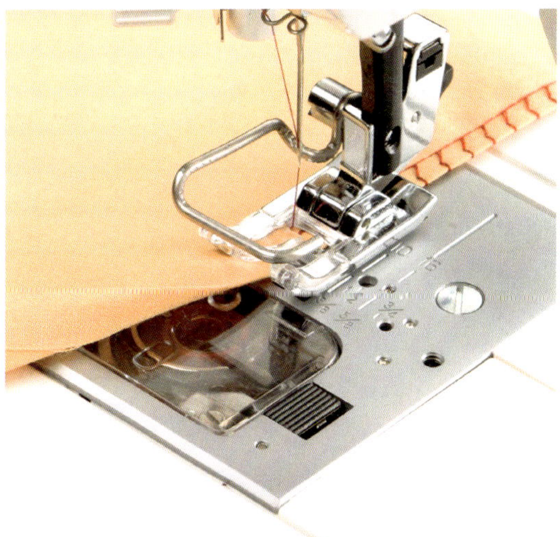

PROFITIPP

Dekonähte mit den Overlockstichen

Die genähte Naht ausbügeln. Dekoratives Nähgarn als Obergarn in die Nähmaschine einfädeln und von der rechten Seite über die Naht bzw. neben der Nahtlinie absteppen. Darauf achten, dass der Stoff immer gleichmäßig transportiert wird. Ist der Stoff bzw. die Naht zu dick, ist diese Technik nicht zu empfehlen.

Tipps & Tricks

- Nähen Sie dünne Stoffe, wie Sommerbaumwolle, feine Jerseys, Viskose oder feine Micorfaserstoffe, versäubern Sie Nähte, die nur 1 cm breite Saumzugabe haben, am besten gleich mit. So ersparen Sie sich einen Arbeitsgang.

Leinentasche

Zuschnitt
Aus dem dunkelroten Leinenstoff einen Stoffstreifen von 45 cm x 80 cm zuschneiden. Hier ist eine Nahtzugabe von 2 cm mit eingerechnet. (Die Stoffbreite wird die Taschenlänge). Aus dem aprikotfarbenen Stoff sechs Streifen à 5 cm x 36 cm zuschneiden. Für die beiden Besätze jeweils einen Streifen von 45 cm x 10 cm aus dem dunkelroten Leinenstoff zuschneiden. Die Vlieseline in einer Größe von 80 cm x 45 cm zuschneiden. Aus dem Satinband vier Schlaufen à 4 cm zuschneiden.

Anleitung
Die Vlieseline auf die Stoffrückseite bügeln. Für die Henkel oben je zwei Schlaufen aus dem Satinband anstecken. Die beiden Besätze rechts auf rechts an der Taschenoberkante ansteppen. Die Naht auseinanderbügeln, nach innen schlagen und absteppen. Die aprikotfarbenen Streifen rundum ausfransen, mit Sprühfixierer aufkleben und mit dem Zickzackstich aufnähen. Die Längskanten ca. 1 cm nach links umbügeln und absteppen. Die Tasche rechts auf rechts nach oben kippen und mit einer Nahtzugabe von ca. 2 cm zunähen. Am unteren Ende der „Seitennähte" die Tasche zu einem Dreieck falten. Eine Quernaht nähen, so dass ein Boden entsteht. Es bildet sich dabei eine Nahtlänge von ca. 6 cm. Die überschüssigen Ecken abschneiden, mit dem Zickzackstich versäubern. Die Schabrackeneinlage auf die linke, innere Seite des Taschenbodens aufbügeln. Die Tasche wenden und Henkel anbringen.

Größe
ca. 40 cm x 36 cm

Material
- Leinenstoff in Dunkelrot, 55 cm x 105 cm
- Leinenstoff in Aprikot, 15 cm x 140 cm
- Vlieseline G 740, 80 cm x 50 cm
- Schabrackeneinlage für den Boden, 20 cm x 10 cm
- Satinband in Aprikot, ca. 1,5 cm breit, 20 cm
- Nähgarn in Dunkelrot
- 2 Taschengriffe in Schwarz
- Sprühfixierer

Ideeninsel

Größe
a. 190 cm x 35 cm

Material
- Seidenchiffon in Bordeauxrot, ca. 200 cm x 40 cm
- Maschinen-Nähgarn in Bordeauxrot

Seidenschal

Zuschnitt
Mit dem Rollschneider oder der Schere den Schal in einer Größe von 195 cm x 40 cm zuschneiden.

Anleitung
Mit dem Steppstich bei einer Stichlänge von 1,5 bis 2 mm alle Außenkanten des Schals von der rechten Stoffseite 1 cm von der Schnittkante entfernt umnähen. Danach mit dem Zickzackstich (Breite: 1,0 bis 1,5 mm, Länge: 0,5 bis 1,0 mm) genau über den Steppstich nähen, das verhindert ein Zusammenziehen des Stoffes. Die Fadenenden verknoten. Anschließend sehr vorsichtig den restlichen Stoff mit der Schere knapp neben dem Zickzackstich abschneiden.

Tagesdecke

Zuschnitt
Aus dem Vlies ein Quadrat von 150 cm x 150 cm zuschneiden. Hier sind 5 cm Nahtzugabe mit eingerechnet.

Anleitung
Die vier Seiten der Tagesdecke rundum 5 cm einschlagen, anstecken, leicht andämpfen und mit großen Handstichen heften. Von der rechten Seite mit dem Overlockstich entlang der Schnittkante umnähen. Dabei jede Naht ganz durchnähen, die nächste wieder einschlagen und an der Außenkante neu beginnen. Bei Bedarf am Nähanfang leicht am Stoff ziehen bzw. den Faden mitziehen. So ist der Transport des Stoffes am Nahtanfang etwas besser.

Tipps & Tricks

- Die Ecken können auch als sogenannte Briefecken genäht werden. Dazu den jeweiligen Saum 5 cm einschlagen, und die obere Ecke im 45°-Winkel in der Breite der Saumzugabe einschlagen. Dann wie beschrieben mit dem Overlockstich abnähen.

Größe
ca. 140 cm x 140 cm

Material
- Vlies in Magenta, 160 cm x 150 cm
- Nähgarn in Magenta

Versäubern

Größe
ca. 17 cm x 8 cm

Material
- Walkloden in Dunkelorange, 23 cm x 23 cm
- Walkloden in Hellorange, 5 cm x 38 cm
- dickeres Nähgarn in Orange
- Zackenschere
- Bast zum Binden

Schnittmuster
Schnittmusterbogen A

Brillenetui

Zuschnitt
Das Brillenetui aus dem dunkelroten Walkloden gemäß Schnittmuster ohne Nahtzugabe ausschneiden, den hellorangefarbenen Streifen an einem Ende spitz zuschneiden.

Anleitung
Den orangefarbenen Streifen mit dem Zickzackstich mittig auf die rechte Seite des Brillenetuis aufsteppen. Dabei 1 cm von der Außenkante entfernt bleiben. Die untere, gerade Kante 7 cm nach oben umschlagen, die rechte Stoffseite zeigt dabei nach außen. Mit dem Steppstich in einer Länge von 3 mm die beiden Seitennähte ca. 1 cm von den Außenkanten nähen, fortlaufend das Etui umnähen. Mit der Zackenschere die Kanten vorsichtig zurückschneiden. Drei bis vier kurze Stränge Bast in der Mitte falten und mit einem engen Zickzackstich auf die vordere Spitze aufsteppen. Das zweite Bastband ebenfalls falten und auf die untere, eingeschlagene Hälfte steppen. Nun kann das Brillenetui dekorativ gebunden werden.

6 Spezielle Techniken

Mittlerweile sind Sie mit den wichtigsten Grundkenntnissen des Nähens vertraut und haben bestimmt festgestellt, dass es gar nicht so schwer ist, einfache Teile zu nähen. Dazu braucht es wirklich nur ein paar wenige Techniken. Doch neben diesen Grundfertigkeiten sollten Sie noch einige andere Dinge erlernen, um Ihr Nährepertoire zu erweitern. Je mehr Fähigkeiten Sie nämlich zusätzlich zu den grundlegenden Techniken beherrschen, desto individueller und kreativer können Sie Ihre eigenen Ideen beim Nähen umsetzen. Deshalb zeigen wir Ihnen in diesem Kapitel, wie man verstürzt und appliziert, wie Sie einen Reißverschluss einnähen, ein Knopfloch nähen oder wie Gummibänder an- bzw. eingenäht werden.

Verstürzen

Die Technik des Verstürzens braucht man relativ häufig und wird beispielsweise bei Kissen, Kuscheltieren, Bändern oder gedoppelten Tischsets angewendet. Wir erklären sie Ihnen hier am Beispiel eines Nadelkissens.

Verstürzen eines Nadelkissens

Teile rechts auf rechts aufeinanderlegen

Die gleichgroß zugeschnittenen Schnittteile rechts auf rechts so aufeinanderlegen, dass die Schnittkanten sauber aufeinanderliegen. Mit Stecknadeln rundum zusammenstecken, bei Bedarf heften (siehe Seite 27). Mit einem Markierungsstift oder mit Schneiderkreide je nach Größe des Kissens auf einer beliebigen Seite eine Strecke von 10 bis 15 cm zum Wenden markieren.

Erste Strecke nähen

Am Anfangspunkt ein paar Stiche vernähen. Dann bis zur ersten Ecke mit einer Nahtbreite von ca. 1 cm die Naht mit dem Steppstich nähen. Hier stoppen, die Nadel mit dem Handrad in den Stoff absenken. Den Nähfuß anheben und den Stoff um 45 Grad drehen.

Alle Seiten nähen

Den Nähfuß wieder senken und die zweite Strecke bis zur nächsten Ecke nähen. Hier wieder drehen und so alle Nähte bis auf die Wendeöffnung zusammennähen. Am Endpunkt die Naht wieder mit ein paar Rückwärtsstichen sichern. Den Stoff aus der Maschine nehmen und die Fäden abschneiden.

Nadelkissen verstürzen

Die Ecken des Stoffes vorsichtig zurückschneiden. Dann den Stoff wenden und die Nähte ausbügeln. Jetzt das Nadelkissen mit Füllwatte füllen und die Wendeöffnung per Hand (Handstiche siehe Seite 59) schließen.

Tipps & Tricks

- Reduzieren Sie die Stichlänge des Steppstiches auf 2 bis 2,5 mm. Dadurch werden die Ecken schöner, und das gewendete Nähgut hat ein schöneres Erscheinungsbild. Außerdem hält es auch viel besser.
- Beim Verstürzen von kleinen Rundungen ist es erforderlich, die überschüssige Nahtzugabe zurück- bzw. einzuschneiden, damit diese nach dem Wenden nicht durch das Nähgut hindurchgedrückt wird. Hierfür schneiden Sie bis kurz vor die gesteppte Naht in einem Abstand von 1 bis 2 cm kleine „V“s aus der Nahtzugabe aus.

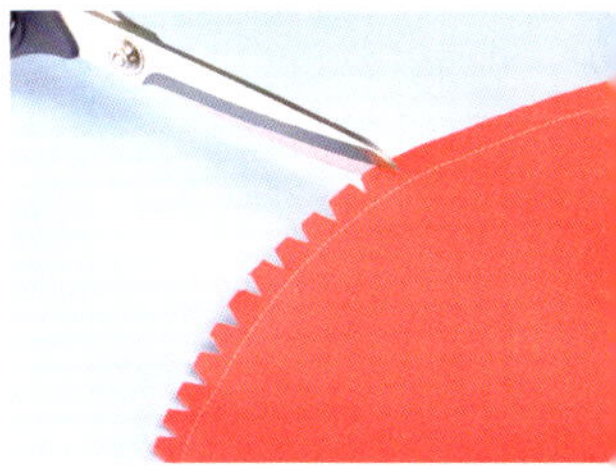

Gummibänder aufbringen

Der Handel bietet viele verschieden breite und feste Gummibänder in unterschiedlichen Farben an, etwa in Schwarz, Weiß, Hautfarben, in seltenen Fällen auch in Rot. Darüber hinaus hält er „Gummifäden“ bereit, die sich sehr gut für Einkräusel- bzw. Smokarbeiten eignen. Es gibt verschiedene Methoden, Gummis zu verarbeiten. Am einfachsten ist es, ein Gummiband in einen vorgenähten Tunnel einzuziehen, doch sie lassen sich auch auf verschiedene Arten aufnähen. Suchen Sie sich einfach je nach Näharbeit die für Sie einfachste Methode aus.

Der einfache Gummidurchzug

Für einen Gummidurchzug muss zunächst ein Tunnel genäht werden, der 3 bis 5 mm breiter sein sollte als das Gummiband. Dazu die Stoffkante 0,5 cm schmal einschlagen, umstecken und umbügeln. Diese Kante nochmals in der erforderlichen Breite für das Gummiband markieren, umschlagen und umbügeln, bei Bedarf heften. Die Saumkante so unter den Nähfuß legen, dass die Nadel knapp in die umgebügelte Kante einsticht. Den Nahtanfang mit ein paar Vernähstichen verriegeln. Den Tunnel komplett umnähen, jedoch 3 bis 4 cm vor dem Nahtanfang stoppen. Dieses Stück muss offen bleiben, damit das Gummiband anschließend eingezogen werden kann. Das Nahtende wieder mit ein paar Rück- und Vorwärtsstichen vernähen.
Eine Sicherheitsnadel durch das Gummiband stechen und die Sicherheitsnadel schließen. Das Gummiband in den Tunnel schieben, das Ende dabei mit einer Stecknadel sichern. Das Gummiband komplett durch den Tunnel ziehen, bis es auf der anderen Seite wieder herauskommt. Anfang und Ende des Gummis zusammenstecken, mit der Nähmaschine zusammennähen und einziehen. Nun die kleine Öffnung des Tunnels schließen.

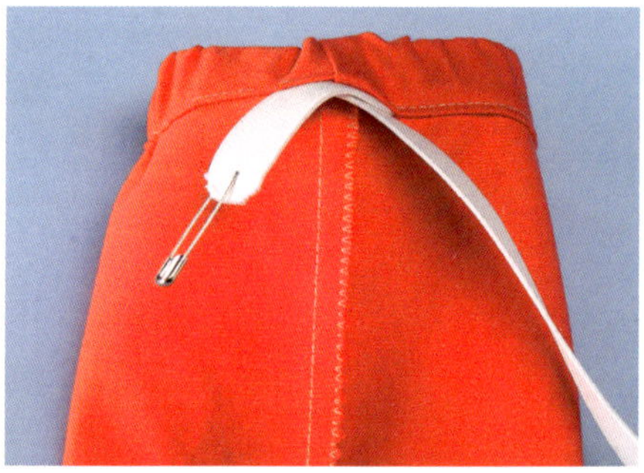

Mit Zickzackstich aufnähen

Den Anfang des Gummibands (von 1 bis 2 cm Breite) auf der linken Stoffseite feststecken und danach das Gummiband in einem Abstand von ca. 5 cm mit leichtem Zug auf den Stoff stecken. Es soll dabei enger als der Stoff sein. Den Nähfuß auf die Mitte des Gummibandes setzen. Den Zickzackstich in der Breite des Gummibandes einstellen. Die Stichlänge sollte zwischen 2 und 3 mm betragen. Wichtig ist, dass die Nähmaschine den Stoff trotz des Zuges am Gummi transportieren kann.
Mit ein paar Stichen zu nähen beginnen. Jetzt das Gummiband mit dem Stoff zusammen vor dem Nähfuß glatt ziehen, mit der linken Hand hinter dem Nähfuß den Stoff nach hinten ziehen und dabei langsam über das Gummiband nähen. Kurz vor dem Ende das Gummiband abschneiden und beide offenen Kanten übernähen.

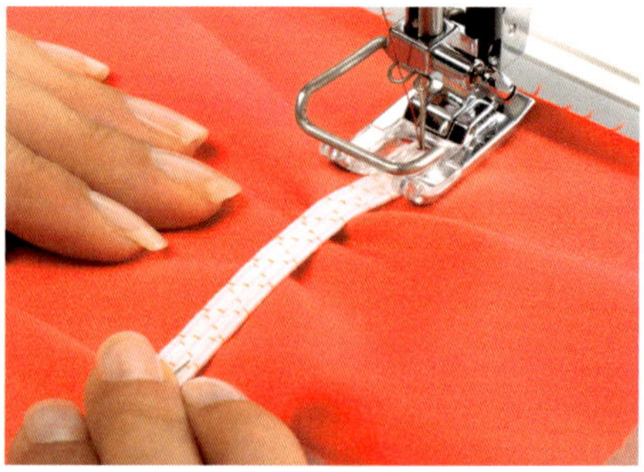

Hinweis

- Machen Sie vor dem eigentlichen Nähen immer eine Nähprobe. Starten Sie den Nähvorgang immer langsam, damit Sie testen können, ob die Maschine den Stoff und das Gummiband gut transportiert. Falls nicht, erhöhen Sie die Stichlänge so lange, bis der Transport ohne Probleme funktioniert.

Tipps & Tricks

- Wählen Sie das Gummiband mit Bedacht aus. Je fester der Zug sein soll, desto stabiler muss das Gummi sein.

- Fachgeschäfte verkaufen Gummiband vom laufenden Meter, so dass Sie es vor dem Kauf testen können. Wenn Sie Gummiband für Babybekleidung oder weich fallende Stoffe brauchen, wählen Sie besser ein weiches feines Gummiband aus.

Mit Elastikstich aufnähen

Durch seine vielen Zwischenstiche weit elastischer als der normale Zickzackstich, eignet sich der Elastikstich (siehe Seite 37) besonders gut für alle Gummibänder. Stellen Sie die Breite des Elastikstiches je nach Gummibandbreite ein, stecken das Gummiband wie auf Seite 50 beschrieben auf dem Stoff fest und nähen es mit leichtem Zug auf.

Gummiband mit Rüscheneffekt

Den Saumeinschlag wie auf Seite 50 beschrieben so breit wie gewünscht vorbereiten. Dabei entspricht die Saumbreite der Rüschen- bzw. der Volantbreite. Das Gummiband so auf der linken Stoffseite platzieren, dass es mit der eingeschlagenen Saumkante links abschließt. Den Nähfuß auf das Gummiband setzen. Die Nadel soll die gesamte Breite des Gummibandes mitfassen. Das Gummiband mit dem Elastikstich komplett aufnähen. Beim Loslassen kräuselt sich der Stoff ein – es entsteht ein dekorativer Saumabschluss.

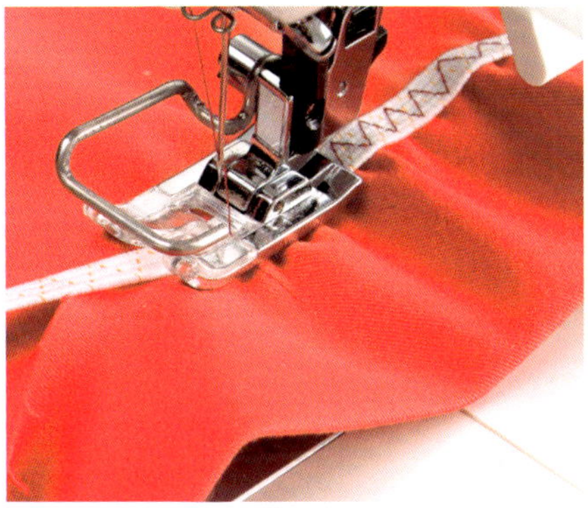

Einkräuseln mit Gummifaden

Mit Gummifäden lassen sich dekorative, sichtbare Kräuseleffekte wie etwa an Geschenkhüllen für Flaschen oder an Bekleidungsstücken erzielen. Hierfür nehmen Sie am besten den Wabenstich (siehe Seite 39), aber auch der Elastikstich erzielt gute Ergebnisse. Besitzt Ihre Nähmaschine keinen der beiden Stiche, wählen Sie einfach den Zickzackstich aus. Auch er eignet sich gut fürs Einkräuseln mit Gummibändern.

Richtige Vorbereitung

Mit einem Textilmarker eine Linie auf dem Stoff markieren. Die Nadel in die Mitte des Nähfußes und in die Linie einstechen lassen. Der Nähfuß bleibt in oberer Position. Den Gummifaden von hinten um die Nadel legen und vorne beide Enden festhalten. So liegt er auf dem Stoff, aber unter dem Nähfuß.

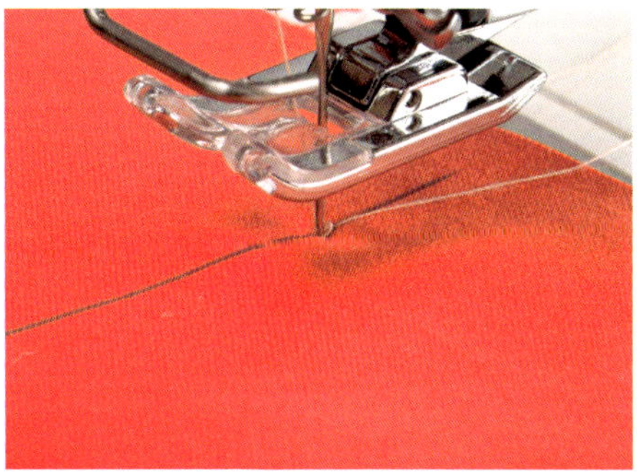

Einkräuseln

Den Gummifaden mit ein paar Stichen fixieren, ohne ihn dabei zu ziehen. Erst dann leicht nach vorne ziehen und gleichzeitig den Stoff nach hinten wegziehen. Schritt für Schritt nähen. Dabei die Fäden immer wieder neu fassen und während des Nähens ziehen. Je fester der Gummifaden angezogen wird, desto mehr Kräuseleffekt erzielt er. Die Nähfäden anschließend verknoten.

Tipps & Tricks

- Möchten Sie sehr breites Gummiband verarbeiten, dann nähen Sie es entweder in mehreren Linien auf oder wählen Sie zunächst eine Seite aus, die Sie festnähen, schlagen danach die Kante ein und umnähen Sie sie nochmals mit dem Elastikstich.
- Um eine noch stärkere Kräuselung zu erreichen, kann nach Beendigung der Arbeit noch an den Gummifäden gezogen werden. Anschließend auch diese verknoten.

Knopfloch fertigen

Hinweis

◆ Schauen Sie in der Bedienungsanleitung nach, ob Ihre Maschine über ein manuell genähtes oder ein automatisch genähtes Knopfloch verfügt. Die manuell genähten Knopflöcher werden bei jedem Nähvorgang eingestellt, die automatischen Knopflöcher nähen das in der entsprechenden Größe eingestellte Knopfloch vollautomatisch.

Tipps & Tricks

◆ Achten Sie unbedingt darauf, dass das Knopfloch nicht zu groß für den Knopf wird, sonst rutscht er nach dem Schließen ständig aus dem Knopfloch heraus.

Voraussetzung für ein gelungenes Knopfloch ist es, den Stoff zunächst mit einer Bügel- oder Nähunterlage vorzubereiten, damit der Stoff beim engen Zickzackstich des Knopfloches nicht zusammengezogen wird. Die meisten Knopflöcher werden in „Zugrichtung“ genäht, das heißt quer in die Richtung, in die der Stoff gezogen wird.

Knopfgröße messen

Länge und Dicke addieren

Mit dem Handmaß messen Sie die Länge und die Dicke des Knopfes und addieren die beiden Zahlen. Ihre Summe ergibt die Knopflochlänge. Ist der Knopf beispielsweise 2 cm lang und 2 mm dick, so sollte Ihr Knopfloch 2,2 cm groß sein.

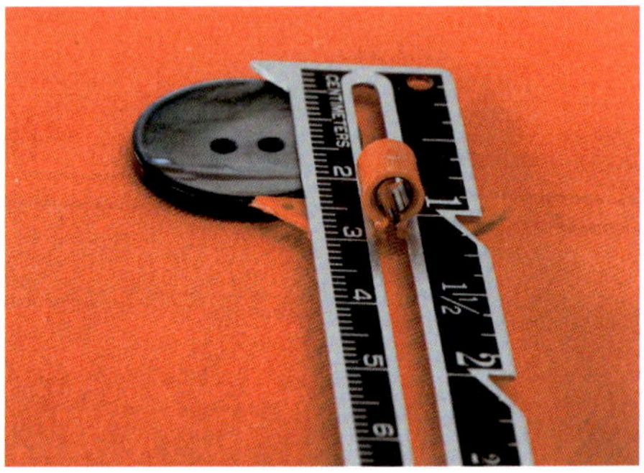

Länge und Breite überprüfen

Am besten schneiden Sie zu Testzwecken vorher in einen Reststoff ein Knopfloch genau in der errechneten Knopflochlänge und schieben den Knopf hindurch. Passt er genau durch, ist die Länge korrekt und Sie können die errechnete Größe für Ihr Nähteil übernehmen.

Knopflochabstände

Die Abstände der Knopflöcher hängen von dem Nähprodukt ab. Bei Kissen etwa mit einer Größe von 40 cm x 40 cm hätten beispielsweise drei Knopflöcher in einem Abstand von ca. 9 cm Platz – bei einer Öffnung von 36 cm. Der Abstand von der Kante beträgt 1,5 bis 2 cm. Den Abstand von der Kante mit einem Markierungsstift markieren. Dann die Knopflochanzahl auf dem Stoff markieren und jedes Knopfloch in der entsprechenden Länge einzeichnen.

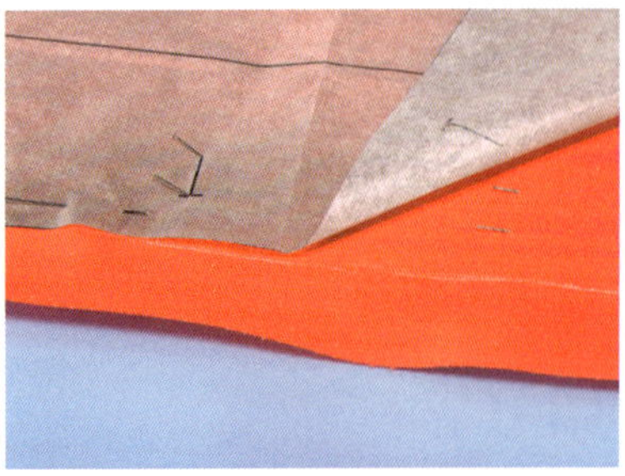

Knopfloch von einem Papierschnitt kopieren

Den Papierschnitt auf der rechten Stoffseite platzieren. Mit Stecknadeln an den Anfangs- und den Endpunkt des Knopfloches stechen. Den Papierschnitt vorsichtig anheben und die Nadeln durch das Papier durchziehen. Danach mit einem Markierstift die Knopflochlinie ziehen.

Knopfloch nähen

1. Riegel
2. Längsraupe
3. zweiter Riegel
4. Zweite Längsraupe

Das Knopfloch besteht aus dem oberen breiten Riegel (1), dann einer Längsraupe von Zickzackstichen (2), dem unteren zweiten Riegel (3) und wieder einer Längsraupe (4). Je nach Nähmaschinenmodell werden zuerst die Riegel und danach die Raupen genäht, oder umgekehrt. Den Stoff so unter dem Nähfuß platzieren, dass die Nadel in den Anfangspunkt des Knopfloches sticht. Der Stoff muss dabei gerade liegen. Nun den Riegel nähen, dabei die Stichanzahl nicht über 5 bis 7 Stiche hinausgehen lassen. Anschließend die Längsraupe nach vorne nähen und am Endpunkt wieder anhalten. Den zweiten Riegel nähen, auch hier die Stiche zählen. Danach die zweite Längsraupe fertigen, und den Faden am Ende mit ein paar Vernähstichen vernähen.

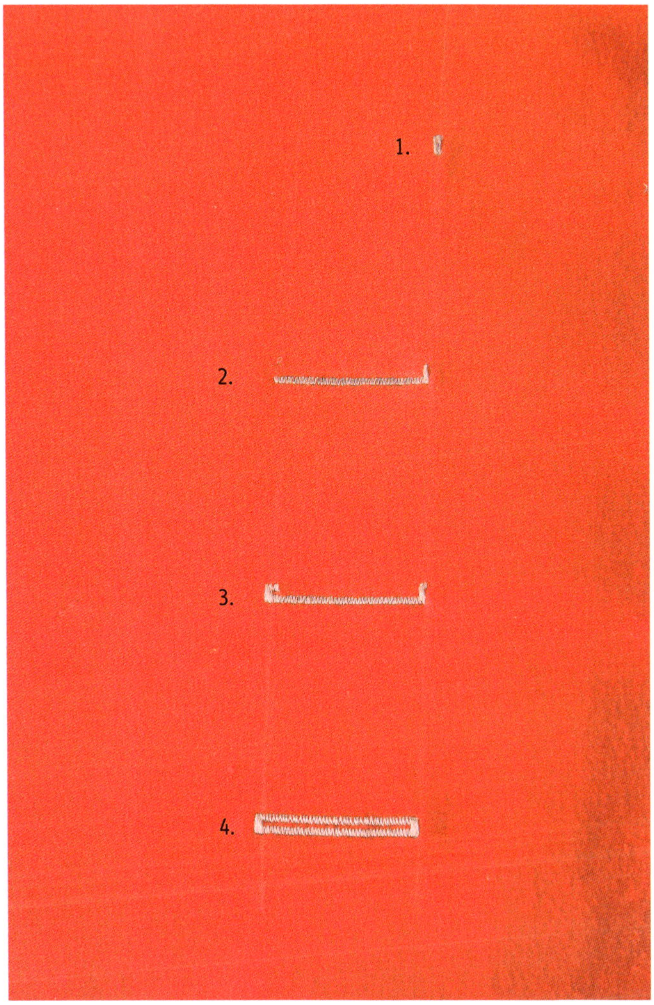

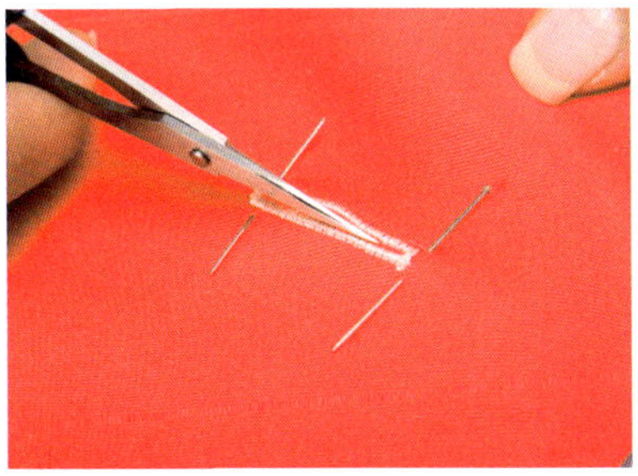

Knopfloch öffnen

Je eine Stecknadel an den Anfangs- und Endpunkt des Knopfloches stecken. So vermeiden Sie, versehentlich zu weit zu schneiden. Dann mit einer spitzen kleinen Schere oder einem Pfeiltrenner das Knopfloch vorsichtig aufschneiden. Die restlichen Fransen des Stoffes wegschneiden und eventuell mit einem Fransenstopp-Kleber das Knopfloch innen sichern.

Tipps & Tricks

- Ganz wichtig ist es, immer ein Knopfloch auf einem Probestoff zu nähen und dabei die gewünschte Stichlänge, Raupenbreite etc. einzustellen. Denn ein bereits genähtes Knopfloch lässt sich sehr schwer wieder auftrennen. Legen Sie hierfür ein Stück Stickvlies unter den Stoff, das ein Zusammenziehen des Stoffes verhindert. So wird das Nähergebnis noch schöner.

- Manche Maschinen bieten eine spezielle Knopflochschiene an, mit der das Knopflochnähen noch einfacher ist, da sie eine exakte Führung hat. Schauen sie in Ihrer Anleitung, wie Ihre Maschine das Knopfloch näht.

Reißverschlüsse

Hinweis

◆ Zum Einnähen von Reißverschlüssen gibt es spezielle Reißverschlussfüße – schauen Sie beim Zubehör Ihrer Nähmaschine nach und setzen Sie diesen Fuß ein. Da Sie damit die Naht recht nah an die Zähnchen des Reißverschlusses setzen können, erleichtert das die Führung.

Tipps & Tricks

◆ Messen Sie die Reißverschlusslänge, bevor Sie einen Reißverschluss kaufen. Der Reißverschluss sollte so lang sein wie die Öffnung des Schlitzes. Manche Schneiderfachgeschäfte kürzen auch Reißverschlüsse auf Maß.

Reißverschlüsse sind beim Nähen einfach nicht wegzudenken. Sie sollten möglichst gut auf die Farbe und den Stoff Ihres Nähteils abgestimmt sein. Für dünne Stoffe verwenden Sie am besten eine Variante aus Kunststoff, da sie leichter und biegsamer als die metallene ist. Es gibt zwar verschiedene Verfahren, Reißverschlüsse einzunähen, doch der beidseitig verdeckte Reißverschluss ist am einfachsten, und deshalb zeigen wir Ihnen hier, wie Sie ihn einnähen.

Vorbereiten

Die Länge des Reißverschlusses anhand seiner Zähnchen messen, diese Länge am Nähgut markieren. Die Naht mit dem längsten Steppstich der Nähmaschine zunähen. Die restliche Naht mit einer normalen Stichlänge nähen. Naht auseinanderbügeln. Den Schlitz wieder auftrennen. So erhält man eine optimal gerade Umbruchkante, an der der Reißverschluss angesetzt werden kann.

Reißverschluss einheften

Den Reißverschluss öffnen und mit der Oberseite nach unten so unterstecken, dass seine Zähnchen und der Umbruch des Stoffes genau aneinander stoßen. Die obere Reißverschlusskante liegt an der oberen Stoffkante, der obere Stopper 2,5 cm unterhalb der Schnittkante. Darauf achten, dass sich die zwei Hälften des Reißverschlusses nicht verschieben. Den Reißverschluss einheften und schließen.

Die linke Seite einnähen

Den Reißverschluss wieder öffnen und den Stoff mit der Oberseite unter dem Reißverschlussfuß platzieren. Die Nadel soll dabei ca. 0,5 cm links der Reißverschlusszähnchen einstechen. Nun die linke Reißverschlussseite gleichmäßig einnähen. Ca. 3 cm vor Ende anhalten, die Nadel im Stoff stecken lassen, den Nähfuß anheben und den Reißverschluss schließen.

Die zweite Seite einnähen

Den Nähfuß wieder senken und den Reißverschluss bis zum Ende einnähen. Den Stoff um 45 Grad wenden und mit ca. 6 Stichen die Quernaht nähen. Den Stoff erneut wenden und bis kurz vor das Ende des Reißverschlusses nähen. Den Reißverschluss wieder öffnen, die Naht zu Ende nähen und vernähen. Danach den Heftfaden entfernen.

Applizieren

Das Applizieren ist ein dekoratives Aufsetzen und -nähen von Stoffformen auf ein bestehendes Stoffstück. Es dient sowohl als Ausbesserungsarbeit an Flickwäsche als auch als Dekoration.
Hierbei sehr hilfreich ist ein spezielles Bügelvlies bzw. -papier, das im Fachhandel unter dem Namen Vliesofix erhältlich ist. Es wird auf die linke Seite der Stoffapplikation gebügelt, das Trägerpapier abgezogen und die Applikation auf den Stoff aufgebügelt. Somit verschiebt sie sich nicht beim Nähen.

Stoff und Vliesofix grob ausschneiden

Zunächst den Applikationsstoff sowie das Vliesofix grob und etwas größer als das fertige Applikationsmuster ausschneiden. Hierbei den Fadenlauf beachten. Das Vliesofix auf die linke Stoffseite aufbügeln – dabei auf der Papierseite bügeln, die dünnere Seite ist die Klebefläche.

Motiv genau ausschneiden

Jetzt das Applikationsmuster mit einem selbst löschenden Markierstift auf die rechte Stoffseite aufmalen und samt dem Papier ausschneiden.

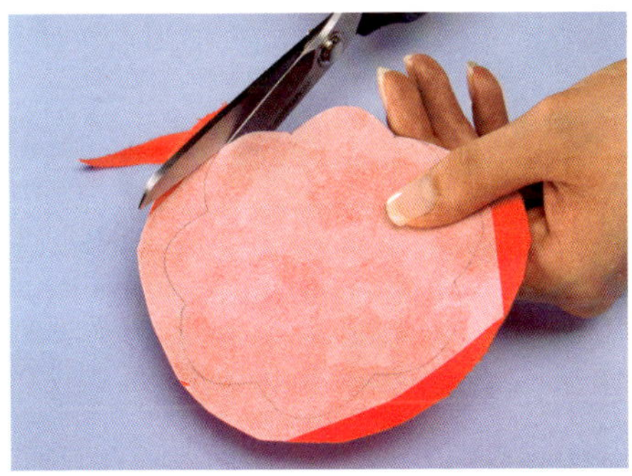

Motiv aufbügeln

Das Papier des Vliesofix auf der linken Seite entfernen, das Motiv auf die Oberseite des Stoffs legen und aufbügeln. Auch hier den Fadenlauf beachten. Bei empfindlichen Stoffen ein Bügeltuch benutzen.

Applikationen aufnähen

Mit dem klein eingestellten Steppstich knapp an der Schnittkante vornähen, dann die Applikation mit dem Zickzackstich (Breite ca. 0,5 bis 1,5 cm, Länge 0,3 bis 0,7 mm) rundum aufnähen. Dabei soll die Schnittkante schön umschlossen werden. Darauf achten, dass die Maschine immer gleichmäßig transportiert – falls nicht, muss die Stichlänge verlängert werden.

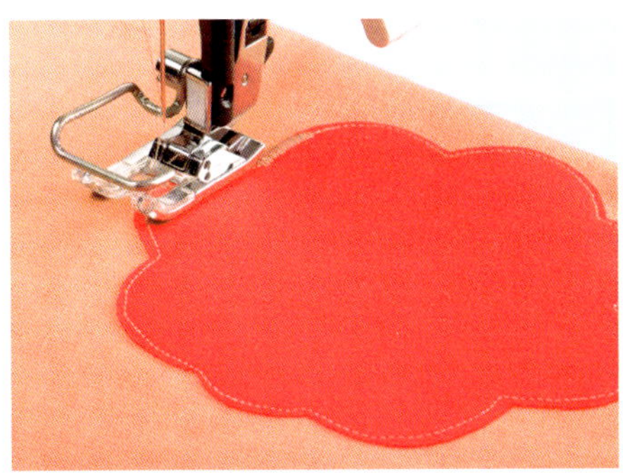

Hinweis

- Nähen Sie bei Rundungen langsam und lassen Sie die Nadel bei engen Rundungen außen stecken, um den Stoff zu drehen. So entstehen keine Nahtlücken.

Tipps & Tricks

- Fragen Sie im Fachhandel nach einem speziellen Applikationsfuß. Dieser ist recht kurz und man kann dadurch beim Applizieren den Stich besser beobachten und verfolgen.

- Applikationsmuster lassen sich sehr einfach selbst herstellen. Motive finden Sie überall – entweder in Kinderbüchern, Zeitschriften oder Kalendern. Kopieren Sie einfach die gewünschten Bilder auf ein dünnes Papier und schon haben Sie ein schönes Applikationsmotiv. Achten Sie dabei aber auf einfache Muster, nicht zu enge Rundungen oder spitze Ecken, denn diese müssen Sie später ja mit der Nähmaschine nacharbeiten.

Schmuse-Ente

Zuschnitt

Die Grundform der Ente jeweils plus 1,5 cm Nahtzugabe gemäß Schnittmuster zweimal aus dem türkisfarbenen Frottierstoff und die Flügel und den Schnabel je zweimal aus dem gelben Frottierstoff zuschneiden. Aus Vliesofix zweimal ohne Nahtzugabe den Flügel schneiden.

Anleitung

Die Flügel mit Vliesofix unterbügeln und auf den türkisfarbenen Stoff der Ente platzieren. Das Papier abziehen und aufbügeln. Die Flügel mit einem kleinen Steppstich knappkantig aufnähen, danach mit einem Zickzackstich (Breite: 1,5 mm, Länge: 1 bis 1,5 mm) die Flügel applizieren. Den Schnabel ansetzen und mit dem Zickzackstich die Naht übersteppen. Die Entenstoffteile rechts auf rechts legen, zusammenstecken, evtl. heften und verstürzen. Dabei unten am Bauch ca. 12 cm für den Reißverschluss offen lassen. Nahtanfang und -ende gut vernähen. An den engen Rundungen und Spitzen den Stoff bis knapp zur genähten Naht vorsichtig einschneiden. Den Stoff wenden, mit der Nadel vorsichtig die Nahtkante herausdrücken und mit einem Bügeltuch bügeln – auch die offenen Schlitzkanten. Den Reißverschluss in die Öffnung einheften und mit Steppstich einnähen. Die Ente mit der Füllwatte ausstopfen. Wer mag und die Schmuse-Ente nicht zu kleinen Kindern schenken möchte, klebt zum Schluss die Augen mit dem Textilkleber auf.

Größe
ca. 38 cm x 28 cm

Material
- Frottierstoff in Türkis, 30 cm x 80 cm
- Frottierstoff in Gelb, 10 cm x 10 cm
- Vliesofix, 10 cm x 20 cm
- Nähgarn in Gelb und Türkis
- Kunststoff–Reißverschluss in Türkis, 12 cm lang
- evtl. Kunststoffaugen zum Aufkleben
- Füllwatte
- Textilkleber

Schnittmuster
Schnittmusterbogen A

Ideeninsel

Größe
ca. 43 cm x 40 cm

Material
- Nickystoff in Türkis, 60 cm x 90 cm
- Satinband in Türkis, ca. 2 cm breit, 170 cm
- Dekoband, 2, 5 cm breit, 50 cm
- Gummiband, 2 cm breit, 80 cm
- Nähgarn in Türkis und Weiß

Wäschebeutel

Zuschnitt

Den Beutel aus dem türkisfarbenen Nickystoff in einer Größe von 50 cm x 85 cm zuschneiden. Vom Satinband ca. 50 cm abschneiden.

Anleitung

Von oben für das Satinband 28 cm und für das Dekoband 31 cm nach unten messen, mit einem Markierstift auf der Stoffoberseite jeweils eine Querlinie markieren, die Bänder aufheften und jeweils an beiden Außenkanten aufsteppen. Den Stoff der Länge nach mittig rechts auf rechts legen, feststecken und die Seitennähte mit dem Overlockstich schließen. Die obere, offene Kante mit einem Zickzackstich versäubern, 5 cm nach innen einschlagen, feststecken und feststeppen. Einen einfachen Gummidurchzug arbeiten (siehe Seite 50) und das Gummiband durchziehen. Die offene Naht schließen. Als Zierde das Satinband an eine oder beide Außenkanten annähen.

Kissen mit Knopflochverschluss

Zuschnitt

Aus der orangefarbenen Wildseide ein Stoffteil von 75 cm x 60 cm und aus der türkisfarbenen einen Streifen von 60 cm x 15 cm zuschneiden. Aus der Vlieseline einen Streifen von 60 cm x 15 cm zuschneiden.

Anleitung

Die beiden Kurzseiten des orangefarbenen Stoffes 2 cm ein- und 2 cm umschlagen, bügeln, feststecken und mit Steppstich absteppen. Den türkisfarbenen Streifen mit der Vlieseline unterbügeln, der Länge nach in der Mitte knicken und bügeln. Die offenen Längskanten mit dem Zickzackstich versäubern. Unter eine der umgebügelten Querkanten des orangefarbenen Stoffes legen, feststecken und von der rechten Seite mit dem Steppstich untersteppen. Vier Knopflöcher in einem Abstand von 13 cm auf dem Türkisstreifen markieren. Mit dem Stickvlies unterlegen und vier Knopflöcher in der entsprechenden Knopfgröße (ca. 5 cm) nähen. Die Fäden nach hinten ziehen und verknoten. Das Stickvlies wieder abziehen. An der Kissenvorderseite, 4 cm parallel zur türkisfarbenen Seide, das Perlenband aufstecken, heften und mit Steppstich aufsteppen. Das Kissen rechts auf rechts so falten, dass der Teil mit dem türkisfarbenen Streifen 25 cm nach innen geschlagen wird. Der andere Teil wird 16 cm nach innen geschlagen (= Kissenhöhe von 28 cm). Die beiden Außenkanten mit dem Steppstich absteppen und mit dem Zickzackstich versäubern. Das Kissen wenden und bügeln. Die Knöpfe annähen (siehe Seite 60), die Knopflöcher aufschneiden.

Größe
ca. 28 cm x 55 cm

Material
- Wildseide in Orange, 80 cm x 60 cm
- Wildseide in Türkis, 20 cm x 60 cm
- Vlieseline H 180, 20 cm x 60 cm
- Perlenborte in Orange, 1 cm breit, 60 cm
- 4 große Perlmuttknöpfe, ø 4,5 cm
- Stickvlies, 10 cm x 60 cm
- Nähgarn in Orange

Spezielle Techniken

Größe
Sitzfläche ca. 30 cm
Sitzhöhe ca. 27 cm
Rückenlehne ca. 60 cm

Material
- Jeansstoff in Blau, ca. 150 cm x 150 cm
- Vliesofix, 20 cm x 50 cm
- Volumenvlies H 640, 160 cm x 90 cm
- Stoffreste für die Applikationen
- Satinband in Hellblau, ca. 2 cm breit, 250 cm
- Nähgarn in Blau und passenden Farben

Schnittschema/ -muster
Schnittmusterbogen B

Kinder-Stuhlhusse

Zuschnitt

Das Schnittschema der Stuhlgröße anpassen. Die Husse mit je 2 cm Nahtzugabe aus dem Jeansstoff zuschneiden, das Volumenvlies ohne. Die Applikationen gemäß Schnittmuster aus den Stoffresten und dem Vliesofix zuschneiden. Vier Satinbänder à 60 cm zuschneiden.

Anleitung

Das Volumenvlies unter die Husse, das Vliesofix unter die Applikationen bügeln. Die Motive auf die Husse applizieren (siehe Seite 55). Die Husse rechts auf rechts legen, die oberen Seitennähte und die Nähte für die Sitzflächen zusammensteppen. Nähte auseinanderbügeln. Die beiden hinteren Seitennähte, beginnend an der Rückenlehne, je 1 cm ein- und umschlagen, absteppen und ausbügeln. Den unteren Saum versäubern, 2 cm nach innen umbügeln und absteppen. Je ein Satinband in der Mitte knicken, an die offenen Nähte der Husse steppen und zu Schleifen binden.

7 Nähen mit der Hand

Tipps & Tricks

◆ Auch wenn Sie Ihre Nähteile mit der Hand nähen möchten, können Sie den Allesnäher Ihrer Nähmaschine verwenden. Möchten Sie Stickarbeiten mit der Hand machen, nehmen Sie am besten ein spezielles Handstickgarn. Dies braucht je nach Stärke eine Handnähnadel mit größerem Nadelöhr.

◆ Wichtig ist auch ein helles Nählicht. Stellen Sie sich dafür eine Bürolampe sehr nah an das Nähgut heran – so schonen Sie Ihre Augen und es geht Ihnen alles viel schneller von der Hand.

Was früher zum Nähalltag gehörte, ist heute eher eine Seltenheit – jedoch muss immer noch so manche Näharbeit mit der Hand erledigt werden. Das fängt beim Heften an (siehe Seite 27), geht über's Knöpfe-Annähen bis hin zu dekorativen Nähten oder dem Aufbringen von Zierelementen. Dabei ist eine für die Näharbeit entsprechende Nähnadel wichtig, ebenso bei Bedarf ein Fingerhut, der über den Mittelfinger gesteckt wird und die empfindliche Fingerkuppe schützt, und ein Nadeleinfädler für Nadeln mit einem feinen Nadelöhr. An vielen Nähteilen, vor allem in der Bekleidung, werden Säume von Hand angenäht. Hierfür setzt man einen speziellen Blindstich ein, den man von der rechten Stoffseite nicht sieht. Es gibt aber auch viele Handstiche zur Dekoration, wie den Kreuzstich, den Hexenstich, den Pünktchenstich oder den Rückstich. Es ist natürlich nicht möglich, Ihnen hier alle Stiche vorzustellen, doch die wichtigsten zeigen und erklären wir Ihnen ausführlich. Und da Sie nun schon ein Experte im Maschinennähen sind, wird dieses Kapitel für Sie ein Kinderspiel sein.

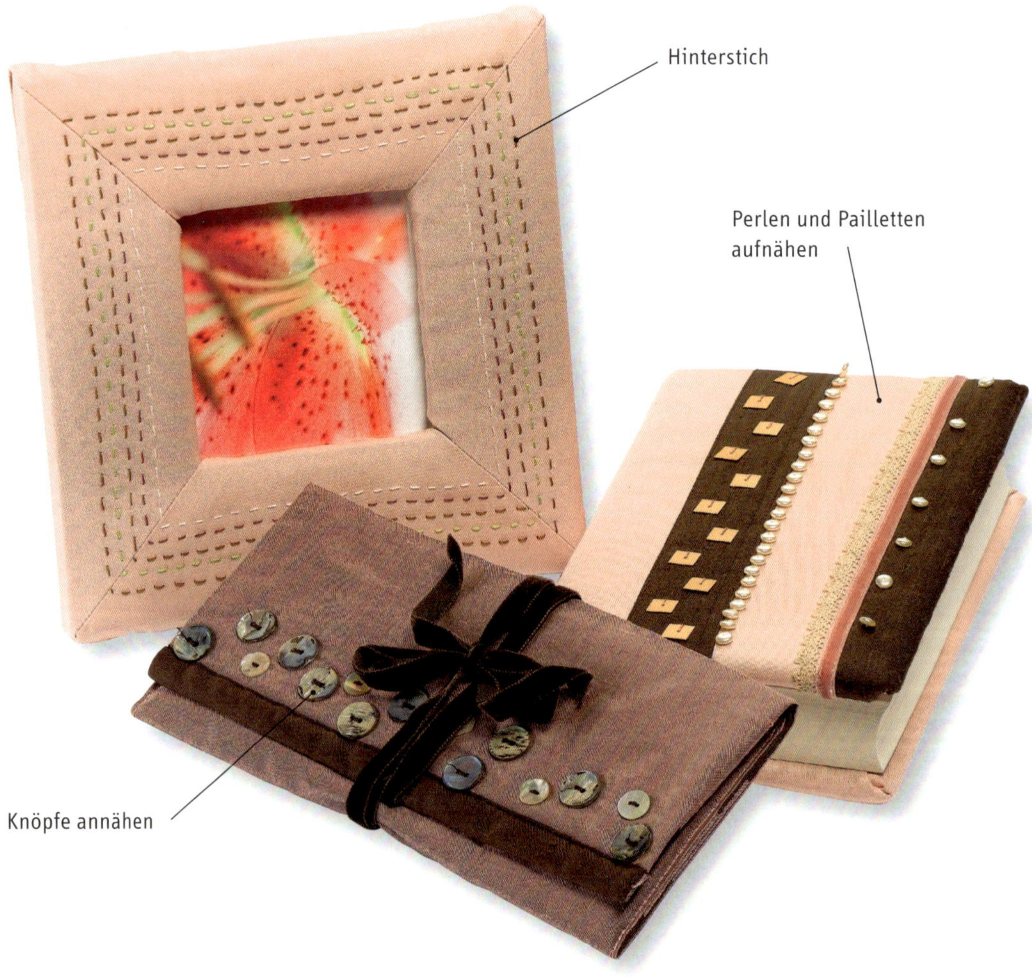

Die wichtigsten Handstiche

Zu den wichtigsten Handstichen zählen die folgenden Basisstiche, die sowohl für festes Gewebe wie Baumwolle und Leinen als auch für dehnbares Material eingesetzt werden. Wählen Sie ein farblich passendes Nähgarn aus und schon kann's losgehen.

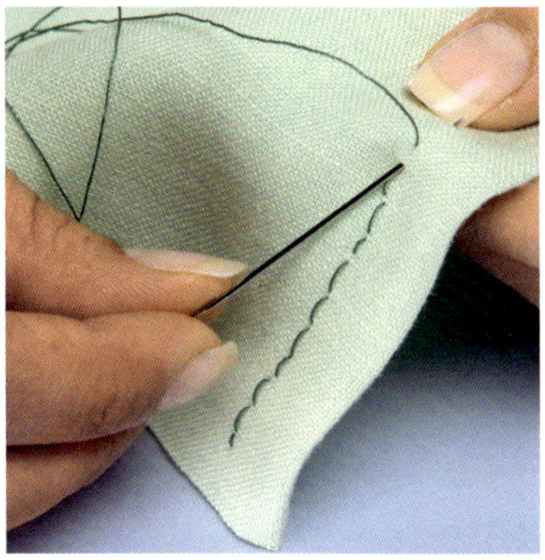

Steppstich

Da der Steppstich immer wieder zurückgestochen wird und die Stoffe relativ fest miteinander verbindet, eignet er sich zum Zusammennähen von Stoffteilen.

Einen Faden in die Handnähnadel einfädeln und an ein Ende einen Knoten machen. Von oben in den Stoff einstechen und in einer Länge von ca. 0,5 cm von unten durch den Stoff wieder nach oben durchstechen. Den Faden ganz herausziehen. Jetzt zurück an den Einstichspunkt gehen und dort wieder einstechen, im selben Abstand wie der erste Stich wieder von unten durch den Stoff nach oben durchstechen und den Faden durchziehen. So fortfahren, bis die gewünschte Nahtlänge erreicht ist.

Hexenstich

Der Hexenstich ist ein dehnbarer Saumstich, mit dem elastisches Material genäht bzw. gesäumt werden kann. Wichtig: Hier wird von links nach rechts genäht!

Den Saum laut Foto umkippen. Die Nadel oben in die Saumzugabe einstechen und einen ca. 3 mm langen Stich machen. Den Faden durchziehen und von der umgeknickten Saumkante nur eine Faser mit der Nadelspitze fassen – dabei von rechts nach links einstechen. Den Faden durchziehen. Jetzt wieder von oben in die Saumzugabe von links nach rechts einstechen und so den ganzen Saum arbeiten.

Blindstich

Dieser Saumstich besteht nur aus Vorwärtsstichen und ist nicht elastisch. Er wird von rechts nach links genäht. Den Saum laut Foto umkippen. Mit der Nadel einen Stich in der Saumzugabe nähen. Vom Umbruch des Saumes nur eine Faser aufnehmen und den Faden durchziehen. Dann wieder in einem Abstand von ca. 1 cm in der Saumzugabe einen Stich nähen und so fortfahren, bis der Saum genäht ist.

Hinterstich

Der Hinterstich wird wie der Steppstich genäht, nur dass man bei dem Rückstich nicht an den Einstichpunkt geht, sondern nur zur Hälfte zurückgeht. Dadurch entsteht ein gleichmäßiger Wechsel zwischen Stich und Stofflücke.

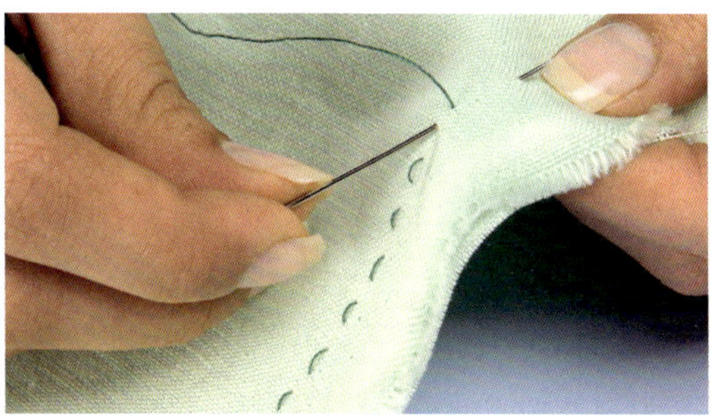

Hinweis

◆ Für feine Saumarbeiten ist es ratsam, eine extrafeine Handnähnadel zu verwenden. Dadurch kann man die einzelnen Stofffasern besser fassen, und die Stiche sind auf der rechten Stoffseite nicht zu erkennen.

Tipps & Tricks

◆ Machen Sie sich von allen Stichen eine Probe auf einem schönen Leinenreststoff – verwenden Sie eine etwas längere Handnähnadel, diese lässt sich besser führen und das Nähen von Hand fällt dadurch viel leichter. Auch die Auswahl des Fadens ist wichtig. Besonders effektvoll ist das reine „Seidennähgarn". Es hat einen angenehmen Schimmer und ist etwas dicker – dadurch kommen die Stiche etwas plastischer hervor.

Knöpfe annähen

Tipps & Tricks

- Fädeln Sie nie einen zu langen Faden in die Handnähnadel ein. Sonst verknotet er sich leicht und verursacht unnötige Neuanfänge.

- 4-Loch-Knöpfe näht man genauso an wie 2-Loch-Knöpfe, jedoch werden im Wechsel jeweils die zwei gegenüberliegenden Lochbohrungen angenäht.

- Auch Klettverschlüsse eignen sich prima zum Verschließen. Sie bestehen aus zwei Bandteilen – eines hat Wiederhaken, das andere eine samtige Oberfläche –, die jeweils am Rand mit einem Hinterstich rundum angenäht werden.

2-Loch-Knöpfe

Erster Vernähstich

Einen Nähfaden von ca. 60 cm Länge abschneiden, durch das Nadelöhr fädeln, und beide Enden miteinander verknoten. Der Faden liegt nun doppelt. Die Nadel von der linken Seite des Nähgutes einstechen und den Faden komplett nach oben ziehen. Zusätzlich einen kleinen Steppstich machen (siehe Seite 59), damit der Faden nicht aus dem Stoff rutschen kann.

Knopf annähen

Nun mit der Nähnadel von unten durch eine Lochbohrung des Knopfes stechen, den Faden durchziehen und die Nadel von oben durch die zweite Bohrung und den Stoff stechen. Den Faden durchziehen und diese Schritte drei- bis viermal wiederholen. Zum Schluss auf der Rückseite einige Vernähstiche machen und den Faden abschneiden, fertig.

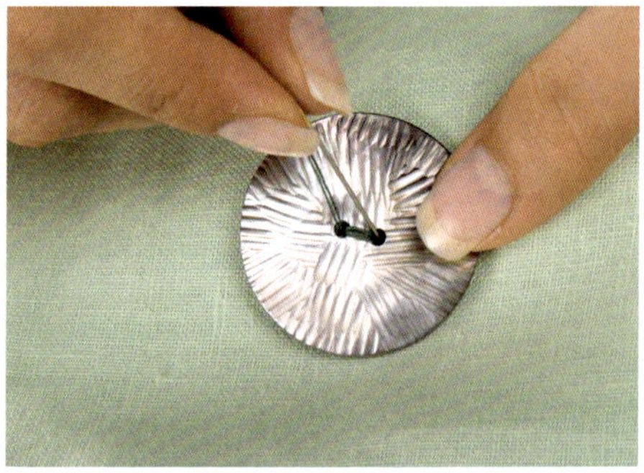

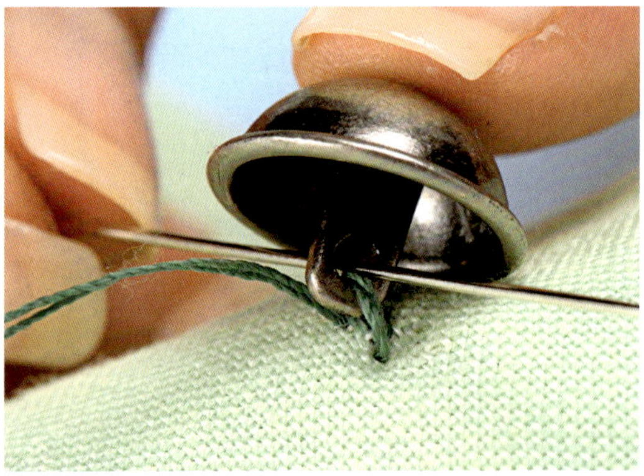

Knopf mit Steg

Einen Nähfaden in eine Nähnadel fädeln und auf der rechten Stoffseite einen kleinen Sicherheitsstich machen, damit sich der Faden nicht löst. An dieser Stelle den Knopf mit Steg platzieren und die Nadel durch den Steg führen. Danach wieder einen kleinen Stich in den Stoff machen, die Nadel durch den Steg führen und so fort. Nach 6 bis 7 Stichen den Faden durch kleine Rückstiche sichern und verknoten.

Druckknöpfe

Druckknöpfe gibt es aus Metall und Kunststoff – in verschiedenen Größen. Sie bestehen aus zwei Teilen – einem mit Dorn, einem mit Näpfchen –, die zusammengedrückt werden. Die beiden Teile haben an den Außenkanten jeweils kleine Öffnungen, an denen sie angenäht werden. Hierfür mit dem Nähfaden von unten aus dem Stoff in die Öffnung stechen, und so rundum den Druckknopf mit einem Überwendlichsstich annähen. Am Ende den Faden mit ein paar kleinen Stichen vernähen. Achten Sie darauf, dass die beiden zueinandergehörenden Teile exakt gegenüberliegen, damit sie sich passgenau schließen lassen.

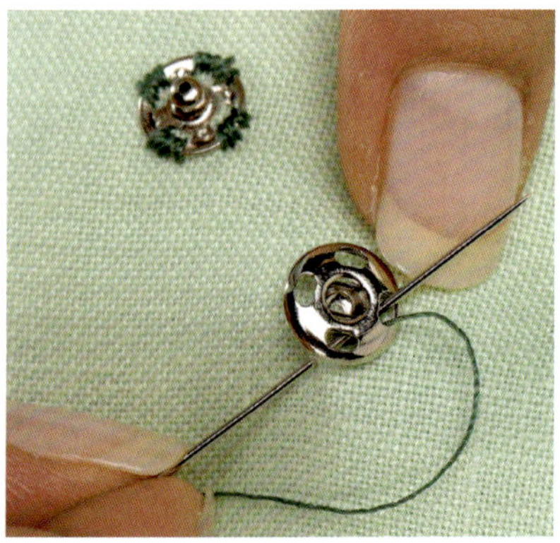

Perlen und Pailletten aufnähen

Pailletten einzeln aufnähen

Einen ca. 50 cm langen Faden in eine feine Handnähnadel einfädeln und die Fadenenden verknoten. Mit einem kleinen Vernähstich den Faden in den Stoff einnähen. Die Nadel von unten durch die Bohrung in der Paillettenmitte stechen. Am äußeren Rand hinter der Paillette wieder in den Stoff stechen und ca. 0,5 cm vor der Paillette wieder nach oben durch den Stoff nähen. Die nächste Paillette ebenso annähen.

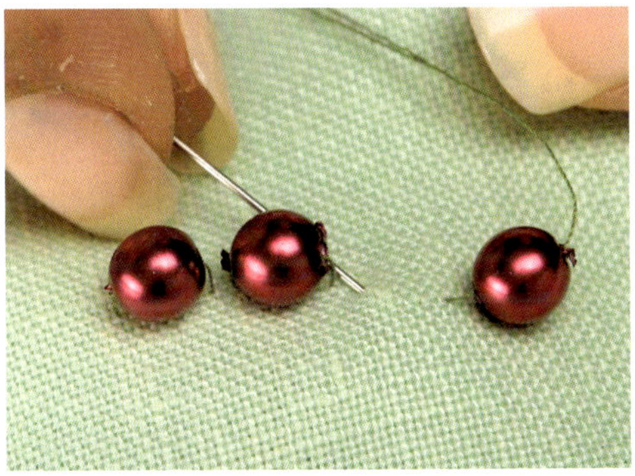

Perlen einzeln aufnähen

Perlen werden wie die Pailletten aufgenäht: Den Faden von unten durch den Stoff ziehen, die Nadel durch die Bohrung der Perle und hinter der Perle wieder in den Stoff stechen. Die Nadel vor der bereits angenähten Perle von unten durch den Stoff stechen und alle Perlen auf diese Art aufnähen.

Perlen- und Paillettenbänder aufnähen

Perlen- und Paillettenbänder werden mit einem Überwendlingsstich angenäht: Den verknoteten Faden von unten durch den Stoff führen. Perlen- oder Paillettenband auf die rechte Stoffseite legen, den Faden quer über das Band legen und die Nadel auf der anderen Seite wieder in den Stoff stechen. Mit der Nadel in einem Abstand von ca. 1 cm wieder von unten durch den Stoff nähen, den Faden quer über das Band legen und wieder einstechen. Den Faden kann man nach jedem Stich zwischen die Perlen bzw. Pailletten schieben, um ihn zu „verstecken".

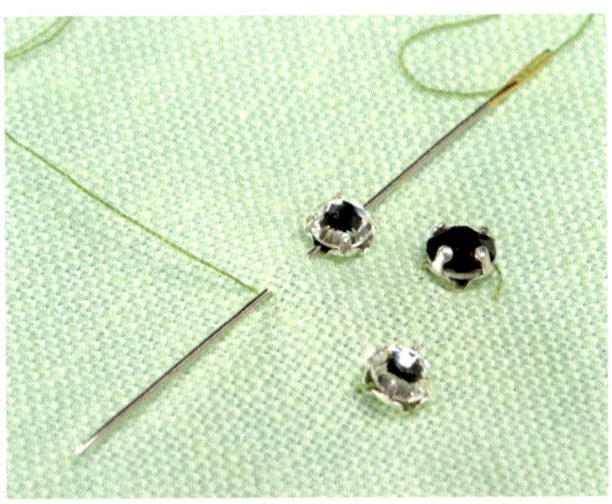

Strasssteine aufnähen

Strasssteine haben zum Teil vier gegenüberliegende Lochbohrungen, die mit einer Art Tunnel verbunden sind. Den verknoteten Faden von unten durch den Stoff stechen, die Nadel durch zwei Bohrungen stechen und von oben wieder in den Stoff einstechen. Von unten in Höhe der anderen zwei Bohrungen auftauchen, die Nadel durch diese durchführen, und wieder in den Stoff eintauchen. So lange wiederholen (etwa drei- bis viermal) bis der Strassstein fest genug angenäht ist. Am Ende von der linken Seite den Faden etwas vernähen.

Tipps & Tricks

- Um Perlen- und Paillettenbänder „unsichtbar" anzunähen, empfehlen wir, ein unsichtbares Nähgarn zu verwenden. Dieses gibt es überall dort, wo auch normales Nähgarn angeboten wird. Fädeln sie es wie ein gängiges Nähgarn in die Nadel ein, verknoten beide Enden und schon können Sie beginnen. Passen Sie nur auf, dass es sich während des Nähens nicht verschlingt oder verknotet. Es ist nämlich ein wenig feiner und neigt mehr zum „Einkringeln" als normales Nähgarn.

Bilderrahmen

Zuschnitt
Vier Stoffstreifen à 20 cm x 35 cm und vier Volumenvlies-Streifen in der Breite des Rahmens zuschneiden. Hier sind 3 cm Nahtzugabe bzw. Umschlag mit eingerechnet.

Anleitung
Zwei Stoffstreifen rechts auf rechts zusammenlegen und die beiden Schmalkanten aufeinanderstecken. Mit einem Markierstift oder mit Kreide eine Schräge von 45° anzeichnen. Dabei eine Nahtzugabe von 2 cm einzeichnen. Die Naht nähen, den Nahtanfang und das -ende vernähen und ausbügeln. Auf den Bilderrahmen legen und die nächste Ecke bzw. Schräge einzeichnen. Den dritten Stoffstreifen auf den zweiten rechts auf rechts legen und die Naht ebenfalls im 45°-Winkel steppen. So alle vier Streifen aneinandernähen. Nun die Größe der Rahmenfläche auf der Vorderseite des Stoffes markieren und 3 bis 5 Linien in einem Abstand von 1 cm mit einem selbstlöschenden Markierstift auf den Stoff zeichnen. Jetzt diese Linien mit dem Hinterstich und verschiedenfarbigem Nähgarn entlangnähen. Den Stoffrahmen auf den Holzrahmen legen, die inneren und äußeren Stoffkanten um den Rahmen schlagen, ankleben – fertig!

Größe
ca. 20 cm x 20 cm

Material
- Baumwoll-Damast in Altrosa, 20 cm x 140 cm
- Volumenvlies H 640, 20 cm x 20 cm
- Maschinen-Nähgarn in Altrosa
- dickeres Nähgarn in Braun, Rosa, Lila und Maigrün

Ideeninsel

Größe
ca. 20 cm x 15 cm

Material
- Baumwoll-Damast in Altrosa, 30 cm x 55 cm
- Wildseide in Braun, 10 cm x 30 cm
- Volumenvlies H 640, 30 cm x 50 cm
- Samtband in Altrosa, 0,5 cm, 30 cm
- Baumwoll-Spitze in Natur, 1 cm breit, 20 cm
- Perlen und Pailletten nach Wahl in Braun und Rosa
- Nähgarn in Altrosa
- Stoffkleber

Buchhülle

Zuschnitt
Aus dem rosafarbenen Damast ein Rechteck von 30 cm x 50 cm, aus der braunen Seide einen Streifen von 5 cm x 30 cm zuschneiden. Das Volumenvlies in der Höhe und Breite des Buches zuschneiden.

Anleitung
Die Positionen der braunen Streifen, je ca. 10 cm und ca. 16 cm von der rechten Außenkante auf dem Damast markieren. Die Streifen je rechts auf rechts auf den Damast stecken, mit 1 cm Nahtzugabe aufsteppen, umkippen und bügeln. Die zweite Längskante der Streifen 1 cm nach innen kippen, anbügeln, aufstecken, mit dem Steppstich aufsteppen. Das rosafarbene Band an das braune steppen. Die Pailletten und Perlen auf die Vorderseite der Buchhülle nähen (siehe Foto). Den Stoffeinband komplett 2 cm einschlagen und absteppen. Den Stoff um das Buch schlagen, seine Längsseiten an den Bucheinband kleben. Das Buch schließen und die oberen Schmalkanten um den Bucheinband schlagen. Dabei an den oberen und unteren Positionen des Einschlags den Stoff vorsichtig einschneiden. Diese Ecken bis auf ca. 2 cm zurückschlagen. Die oberen und unteren Kanten an die Buchinnenseite kleben und die Ecken in den Einschlag der Buchhülle schieben.

Schminktäschchen

Zuschnitt
Aus der altrosafarbenen Wildseide ein Rechteck von 25 cm x 35 cm sowie drei Streifen à 25 cm x 8 cm für die Innenseite zuschneiden. Aus der braunen Seide ein Rechteck von 25 cm x 42 cm zuschneiden. Hier sind 1 bis 2 cm Nahtzugabe mit eingerechnet.

Anleitung
Die drei Seidenstreifen an einer Längskante schmal ein- und umschlagen und mit dem Steppstich absteppen. Auf der braunen Wildseide in Querrichtung in einem Abstand von 10 cm drei Markierungen anzeichnen. Die drei Streifen rechts auf rechts aufstecken und ca. 1 cm breit aufnähen, nach oben kippen und bügeln. Das Volumenvlies unter die braune Seide bügeln. Jetzt nach Bedarf kleine Quernähte über die rosa Stoffstreifen steppen – so können Sie selbst Fächer für die Schminksachen anlegen. Danach die rosafarbenen und braunen Taschenteile rechts auf rechts legen die beiden Seitennähte und die untere Naht zusteppen, wenden und bügeln. An der oberen Kante den braunen, überstehenden Stoffstreifen 2 cm ein- und 2 cm um den rosa Stoff schlagen, feststecken und mit dem Steppstich absteppen. Die untere Kante 11 cm nach innen hochschlagen, die Seitennähte feststecken und schmalkantig absteppen. Das Satinband in der Mitte knicken, auf die untere Seite genau mittig auf die vordere Klappe des Täschchens stecken und mit ein paar Handstichen festnähen – so kann die geschlossene Tasche zugebunden werden. Die Knöpfe von Hand annähen (siehe Foto).

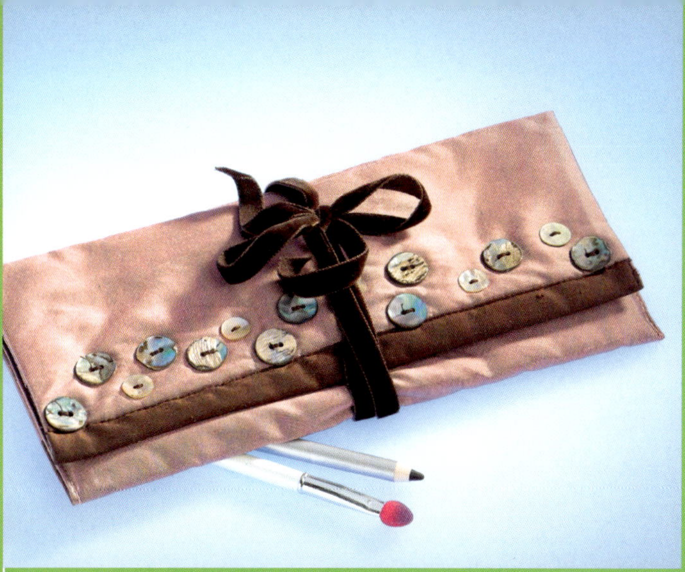

Größe
ca. 22 cm x 12 cm

Material
- Wildseide in Altrosa, 55 cm x 40 cm
- Wildseide in Nougatbraun, 40 cm x 45 cm
- Volumenvlies H 640, 20 cm x 35 cm
- Samtband in Braun, 0,5 cm breit, 150 cm
- 10 Perlmuttknöpfe, ø ca. 1,5 cm
- 5 Perlmuttknöpfe, ø ca. 1 cm
- Nähgarn in Altrosa und Dunkelbraun

Nähen mit der Hand

Größe
ca. 66 cm Umfang x 80 cm Länge

Material
- Vliesstoff in Terrakotta/Orange, 75 cm x 90 cm
- Nähgarn in Orange

Vliesrundschal

Zuschnitt
Aus dem Vliesstoff ein Rechteck von 70 cm x 86 cm zuschneiden. Darin enthalten sind 2 cm Nahtzugabe für die Seitennaht und 3 cm für die Säume.

Anleitung
Den Vliesstoff der Länge nach rechts auf rechts zusammenfalten. Die Längsseite mit dem Steppstich, einem ganz schmal eingestellten Zickzackstich oder dem Overlockstich zusammennähen. So entsteht ein Schlauch. Die Naht bügeln. Die obere und untere Kante 3 cm einschlagen, feststecken und von der linken Seite mit dem Hexenstich einsäumen. Den Schal links auf links mittig zusammenfalten – und fertig ist das kuschelige Teil.

Ideenpool

Immer die passende Idee

Im Ideenpool finden Sie Dekoratives für Haus und Heim, schöne Accessoires, pfiffige Geschenkideen und schöne Dinge, die Kindern Freude machen. Dank detaillierter Anleitungen, vieler Schnittmuster und Schemazeichnungen lassen sich alle Modelle leicht nacharbeiten. Sollte Ihnen dennoch etwas schwierig vorkommen, blättern Sie einfach zurück zum Workshop und schauen Sie bei der Erläuterung der entsprechenden Technik noch einmal nach.

Mit praktischen Materiallisten und Schnittmustern

Zu jeder Nähanleitung gehört auch eine Liste mit den benötigten Materialien. Da ist alles aufgeführt, was Sie zum Arbeiten benötigen, eine Ausnahme bildet nur die im Workshop aufgeführte Grundausstattung. Außerdem erfahren Sie, in welcher Größe wir das Nähteil gearbeitet haben und auf welchem Schnittmusterbogen Sie die nötigen Schnittmuster oder Schemazeichnungen finden. Sind die Schnitte nicht in Originalgröße abgedruckt, haben wir in den Anleitungen die jeweiligen Prozentzahlen angegeben, mit denen Sie die Schnitte zum Beispiel auf einem Kopierer vergrößern können. So erhalten Sie die Originalgröße.

Tipps und Tricks für gutes Gelingen

Wie bereits im Workshop finden sich auch im Ideenpool wieder viele Tipps & Tricks sowie wichtige Hinweise, die zu einem guten Gelingen Ihrer Näharbeit beitragen.

Hinweise

◆ Beim Nacharbeiten der Modelle werden die im Workshop erlernten Kenntnisse vorausgesetzt und nicht mehr ausführlich beschrieben. Dank eines Verweises auf die entsprechende Workshopseite können Sie alles Wissenswerte zur Technik schnell nachlesen, wenn Sie einmal etwas nicht mehr so genau wissen.

◆ In den Materiallisten werden die im Workshop als Grundausstattung aufgeführten Materialien und Werkzeuge nicht mehr genannt. Vergrößern Sie die Schnitte auf dem Kopierer mit der angegebenen Prozentzahl, erhalten Sie die Originalgröße des Schnittes.

Die Modelle im Ideenpool sind in folgende Schwierigkeitsgrade unterteilt:

● ○ ○ einfach
● ● ○ etwas schwieriger
● ● ● anspruchsvoll

Dekoratives für zu Hause

Kissenbezug mit Schleifen

Zuschnitt
Für die Vorder- und Rückseite je ein Rechteck von 75 cm x 102 cm aus dem Baumwollstoff zuschneiden, dabei auf den Musterverlauf achten (siehe Seite 21). Aus dem Reststück für die Bindebänder vier Streifen à 40 cm x 9 cm zuschneiden. Darin enthalten sind 1 cm Naht- und 4 cm Saumzugabe.

Anleitung

1 Die Vorder- und Rückseite quer und rechts auf rechts doppelt legen. Die seitliche und untere Kante im Steppstich mit 1 cm Abstand zur Stoffkante zusammennähen. Die Nahtzugabe an den Ecken schräg zurückschneiden und die Kanten der Nahtzugaben doppelt liegend mit dem Zickzackstich versäubern (siehe Seite 36). Den Bezug wenden und bügeln. Die offene Kante zuerst 1 cm, dann 3 cm nach innen bügeln und den Saum schmal absteppen.

2 Für die Schleifenbänder die Stoffstreifen verstürzen (siehe Seite 49). Diese dafür längs rechts auf rechts legen und jeweils an einer Quer- und Längsseite 1 cm breit mit dem Steppstich zusammennähen. Die Nahtzugabe an den Ecken zurückschneiden. Die Bänder wenden, abermals bügeln, die offenen Bandenden 1 cm nach innen schlagen und bügeln.

3 Dann die Schleifenbänder anbringen: Dafür zwei Bänder mit dem offenen Ende von rechts jeweils im Abstand von 11 cm zur Seitennaht auf die Saumnaht der Rückseite aufstecken, die Bänder laufen nach oben. Auf Höhe der Saumnaht feststeppen. Die oberen 20 cm des Kissens auf die Vorderseite klappen. Die Anschlaglinie ist dann automatisch die Ansatzhöhe der beiden anderen Bänder. Diese wiederum mit dem offenen Ende in gleicher Breite, wie die bereits befestigten Bänder, auf die Vorderseite stecken, die Bänder laufen nach unten. Dann schmal feststeppen.

4 In die Hülle das Füllkissen stecken. Den oberen Bezugteil auf die Vorderseite klappen. Die Bänder auf dem Saum zu Schleifen binden, so haben sie Halt und Stand.

Schwierigkeitsgrad
● ○ ○

Größe
ca. 50 cm x 50 cm

Material
- Baumwollstoff, weißgrundig bedruckt, 125 cm x 80 cm
- Baumwollnähgarn in Weiß
- Füllkissen in Weiß, 50 cm x 50 cm

Tipps & Tricks

- Mit einer speziellen Wendenadel, die im Fachhandel erhältlich ist, lassen sich die Schleifenbänder im Nu und superleicht wenden.

- So wird diese Kissenhülle schnell zu einem Bezug für größere Kissen: Einfach alle Bänder am Saum festnähen und dann seitlich verknoten. Schön ist in diesem Fall ein kontrastfarbenes Füllkissen, das herausblitzt.

Nackenrolle

Hinweis

◆ Bei Bedarf kann der hintere offene Schlitz mit zwei Druckknöpfen, die von Hand angenäht werden, geschlossen werden.

Schwierigkeitsgrad

● ● ●

Größe

ø ca. 55 cm
Länge ca. 53 cm

Material

- Wildseide in Pink, 45 cm x 70 cm
- Wildseide in Altrosa, 25 cm x 90 cm
- Seidentaft in Türkis, 85 cm x 30 cm
- Spitzenborte in Rosa, 0,5 cm breit, 70 cm
- Samtband in Türkis, 2,5 cm breit, 60 cm
- Paillettenband in Pink, 0,5 cm breit, 60 cm
- Tüllborte in Flieder mit Pailletten, 5 cm breit, 40 cm
- Nähgarn in Rosa und Türkis
- Füllwatte oder eine Schaumstoffrolle in passender Größe

Zuschnitt

Aus der pinkfarbenen Wildseide fadengerade ein Rechteck von 38 cm x 60 cm zuschneiden. Aus der rosafarbenen Seide einen Streifen von 25 cm x 60 cm sowie einen Kreis mit einem Durchmesser von 22 cm zuschneiden. Aus dem türkisfarbenen Taft zwei Streifen à 60 cm x 10 cm und ebenfalls einen Kreis mit einem Durchmesser von 22 cm zuschneiden. Bei allen Maßen sind die Nahtzugaben enthalten.

Anleitung

1 Die rosa- und pinkfarbene Seide der Länge nach rechts auf rechts zusammensteppen, mit dem Zickzackstich versäubern (siehe Seite 37) und von rechts ausbügeln. Danach die rosafarbene Spitzenborte mit einem schmal eingestellten Zickzackstich auf die Naht aufnähen.

2 Den türkisfarbenen Stoffstreifen 12 cm von der linken Außenkante rechts auf rechts mit dem Steppstich aufnähen und nach rechts umbügeln. Den Streifen auf 9 cm in der Breite zurückschneiden, die Längskante 2 cm nach innen einschlagen, umbügeln und aufsteppen.

3 Das Samtband neben dem türkisfarbenen Streifen aufsteppen. Das Paillettenband in „Legerichtung" der Pailletten mit einem langen Steppstich aufnähen und die elegante Tüllborte mit Steppstich parallel zur rosa Spitzenborte aufnähen.

4 Die beiden offenen Längskanten an der rosa- und pinkfarbenen Seide jeweils 2 cm ein- und 3 cm umschlagen. Diese flach übereinanderlegen und von beiden Außenkanten jeweils ca. 8 cm zur Mitte hin zunähen, dabei bleiben ca. 38 cm zum Füllen offen.

5 Die Nackenrolle nach links wenden. Die rosa- und türkisfarbenen Stroffkreise in vier gleiche Teile aufteilen und diese Punkte markieren. Die offenen Seitenkanten des Kissens ebenfalls in vier gleiche Teile aufteilen und markieren.

6 Die Kreise rechts auf rechts rundum an den offenen Kanten feststecken, heften und mit dem Steppstich zusammennähen. Sind die Kreise zu weit, legen Sie an den vier Markierungspunkten kleine Fältchen. Die Nahtzugaben im Zickzackstich versäubern, das Kissen wenden und leicht anbügeln.

7 Das Kissen mit Füllwatte füllen oder die Schaumstoffrolle einziehen.

Kissen mit Tasche

Hinweis

◆ Der Hotelverschluss ist ein einfach zu arbeitender Verschluss – ideal für Nähstarter. Die offenen Kanten werden jeweils ca. 2 cm ein- und 2 cm umgeschlagen und mit Steppstich abgesteppt. Anschließend werden sie rechts auf rechts jeweils ca. 20 cm überlappend aufeinandergelegt, und die Seitennähte geschlossen. Dadurch muss kein Reißverschluss oder Knopf mit Knopfloch angenäht werden.

Schwierigkeitsgrad

● ● ○

Größe

ca. 50 cm x 27 cm

Material

- Leinenstoff in Natur, 55 cm x 80 cm
- Satinband in Braun, 3 bis 4 cm breit, 100 cm
- Nähgarn in Beige und Braun

Zuschnitt

Aus dem naturfarbenen Leinen für die Kissenoberseite ein Rechteck von 30 cm x 55 cm, für die Kissenrückseite zweimal ein Rechteck von 40 cm x 30 cm und für die Tasche ein Stoffteil von 25 cm x 20 cm zuschneiden. Bei allen Angaben sind die Nahtzugaben enthalten.

Anleitung

1 Die Tasche an der linken (20 cm langen) und oberen Kante versäubern, 2 cm nach links umbügeln und mit dem schmalen Zickzackstich absteppen. Das Satinband auf die obere Taschenkante nähen und an der Kante abschneiden. Die Tasche auf der rechten Kissenoberseite platzieren (siehe Foto) und an der linken, rechten und unteren Kante mit dem Zickzackstich aufnähen.

2 Die beiden Kissenrückenteile an den Schmalseiten jeweils 1 cm ein- und umschlagen und mit dem Steppstich absteppen. Diese Teile rechts auf rechts auf das Kissenvorderteil legen, die bereits gesteppten Quernähte lappen dabei übereinander (für den sogenannten Hotelverschluss). Alle vier Außenkanten feststecken und mit dem Steppstich 1 cm breit absteppen. Die Ecken bis kurz vor die Naht zurückschneiden. Das Kissen wenden und bügeln.

3 Jetzt das restliche Satinband halbieren, die Satinbänder an den Schmalkanten ein- und umschlagen und mit dem Steppstich absteppen. Mit ein paar Handstichen an das Ende der Tasche nähen und zur Schleife binden.

Schlaufen-Gardine

Tipps & Tricks

- Den feinen Chiffonstoff ziehen Sie am besten während des Nähens hinten leicht mit. So vermeiden Sie ein leichtes Zusammenziehen des Stoffes während des Nähens.

Schwierigkeitsgrad

● ● ●

Größe
ca. 235 x 145 cm

Material
- Chiffon in Helltürkis, 285 cm x 150 cm
- Nähgarn in Helltürkis

Zuschnitt
Die Gardinen fadengerade in einer Länge von 245 cm zuschneiden Darin sind 5 cm Saumzugabe für den unteren Saum und 5 cm Zugabe für den oberen Umschlag enthalten. Aus dem restlichen Chiffon zwei lange Bänder à 90 cm x 12 cm für die Schlaufen zuschneiden.

Anleitung

1 Den unteren Gardinensaum 2 cm einschlagen, feststecken und umbügeln. Danach 2 cm umschlagen, wiederum feststecken, bei Bedarf heften und mit dem Steppstich knapp an der umgeschlagenen Kante feststeppen (siehe Seite 30).

2 Die beiden Außenkanten jeweils 1 cm ein- und umschlagen und mit dem Steppstich umnähen.

3 Die Stoffbänder jeweils der Länge nach rechts auf rechts falten, die Schmalseiten und die kompletten Längskanten mit dem Steppstich 0,7 cm breit zusammennähen. Die Nahtenden jeweils gut vernähen. Die Stoffbänder mit einem langen Kochlöffelstiel wenden, die zugesteppten Quernähte wieder aufschneiden. Die Bänder so bügeln, dass die Naht jeweils in der Mitte des Bandes liegt. Jetzt sieben Schlaufen in einer Länge von jeweils 25 cm zuschneiden. Die Schlaufen in der Mitte falten und mit einem schmalen Zickzackstich zusammen versäubern (siehe Seite 37).

4 Dann die obere Kante der Gardine 2 cm nach links einschlagen und 2 cm umschlagen, feststecken und umheften. Mit dem Steppstich absteppen.

5 Die Schlaufen an die innere obere Kante der Gardine in einem Abstand von 23 cm anstecken, die Schlaufen schauen dabei nach oben. Mit dem Steppstich an der bereits genähten Nahtlinie des oberen Saumes und direkt an der Umbruchkante der Saumkante annähen. Jede Schlaufe mit 3 bis 4 Stichen nach vorne und nach hinten vernähen.

Topfhusse

Tipps & Tricks

- Verwenden Sie für das Nähen dieses dicken Materials evtl. eine Nähmaschinennadel in der Stärke 80 bis 90.

- Zusätzliche Effekte erhalten Sie, wenn Sie Holzperlen aufkleben oder die Topfhusse mit einem Bastband umwickeln.

Schwierigkeitsgrad
● ● ○

Umfang
ca. 43 cm x 12 cm
(bzw. je nach Übertopf)

Material
- Jutestoff in Dunkelrot, 40 cm x 50 cm
- Satinbänder in Dunkelrot, Bordeauxrot, Beerenfarbe, Beige und Rosa, je 1,5 cm breit, je 20 cm
- Nähgarn in passenden Farben
- Stoffkleber

Zuschnitt
Den gewählten Übertopf auf ein Papier legen, den Anfangspunkt markieren und den Umtopf über das Papier rollen. Während des Rollens mit einem Kugelschreiber die Form am Topf entlang nachzeichnen. Das Papiermuster auf den Stoff legen und den Stoff mit 2 cm Nahtzugabe rundum zuschneiden. Abzüglich 5 cm vom unteren Rand einen zweiten Streifen in der Breite von 13 cm für den Umschlag zuschneiden.

Anleitung
1 Den Umschlag der Länge nach in der Mitte so falten, dass die rechte Stoffseite außen liegt. Danach den Umschlag rechts auf die linke Seite der Topfhusse stecken, mit 1 cm Nahtzugabe oben an der Längskante mit dem Steppstich annähen und bügeln. Den Umschlag nach außen bzw. nach oben falten und probeweise um den Übertopf wickeln.

2 Alle Satinbänder – bis auf das rosafarbene – mittig zusammenlegen und in der Mitte wie einen Pfeil falten. So auf dem Stoff platzieren, dass der Pfeil nach unten schaut. Anstecken und die Pfeilspitze mit Steppstich aufnähen.

3 Die komplette Seitennaht der Husse der Länge nach steppen und mit dem Zickzackstich versäubern (siehe Seite 36). Den Umschlag wieder nach unten legen.

4 Die Husse über den Topf stülpen, der obere Rand soll bündig mit dem Topfrand abschließen. Die untere Länge markieren, die Topfhusse wieder abziehen und die überschüssige Länge abschneiden. Mit einem dichten und breit eingestellten Zickzackstich den unteren Saum eng umstechen.

5 Die Husse wieder überziehen. Das rosafarbene Satinband als unteren Abschluss mit Stoffkleber ankleben.

Dekoblumen am Stiel

Tipps & Tricks

- Ist der ausgewählte Stoff für die Blütenblätter sehr fein und dünn, können Sie durch das Aufbügeln von Vlieseline die Standfestigkeit verbessern.
- Einfach gearbeitet, sind die Blüten auch als Fensterschmuck zum Abhängen ein wirklich dekorativer Blickfang!

Schwierigkeitsgrad
● ● ○

Größe
ø ca. 25 cm

Material pro Blume
- je 1 Vlieseline D 200, 15 cm x 60 cm
- je Karoband in Hellgrün-weiß, 10 mm breit, 100 cm
- je Organzaband in Weiß, 5 mm breit, 100 cm
- je 1 Rundholzstab, ø 10 mm, ca. 70 cm lang
- Acrylfarbe in Weiß

Blüte in Gelb/Orange
- Baumwollstoff in Gelb mit Blümchen, 25 cm x 90 cm
- Baumwollstoff in Orange, 20 cm x 90 cm
- Baumwollstoff in Gelb-weiß kariert, 15 cm x 60 cm
- Nähgarn in Gelb

Blüte in Türkis/Grün
- Baumwollstoff in Türkis mit bunten Pünktchen, 25 cm x 100 cm
- Baumwollstoff in Grün mit Blümchen, 20 cm x 100 cm
- Baumwollstoff in Gelb, 15 cm x 60 cm
- Nähgarn in Hellgrün

Blüte in Rosarot
- Baumwollstoff in Rot-weiß kariert, 25 cm x 80 cm
- Baumwollstoff in Rosa-weiß kariert mit Blümchen, 20 cm x 80 cm
- Baumwollstoff in Rosa mit weißen Blümchen, 15 cm x 60 cm
- Nähgarn in Weiß

Schnittmuster
Schnittmusterbogen A

Blüte in Gelb/Orange

Zuschnitt
Alle Teile gemäß Schnittmuster mit einer Nahtzugabe von 5 mm zuschneiden. Für die gelb-orangefarbenen Blüten das große Blütenblatt 18-mal aus dem gelben Baumwollstoff mit Blümchen und das kleine Blütenblatt 18-mal aus dem orangefarbenen Baumwollstoff zuschneiden. Den Blütenkreis viermal aus dem gelb-weiß karierten Baumwollstoff und viermal aus Vlieseline zuschneiden.

Anleitung

1 Für die großen Blütenblätter je zwei Stoffteile rechts auf rechts mit dem Steppstich zusammennähen = neun Blütenblätter. Die Nahtzugaben der Blätter an den Rundungen einschneiden, so liegen die Blätter nach dem Wenden schöner. Die Blätter wenden und andämpfen. Mit dem Steppstich in der größten Einstellung an der Unterkante des Blattes zweimal mit einem Abstand von ca. 5 mm entlang steppen und ankräuseln.

2 Auf die linke Seite der Blütenkreise die Vlieseline aufbügeln (siehe Seite 16). Die Blätter gleichmäßig rechts auf rechts auf den Blütenkreis heften und ansteppen. Den zweiten Blütenkreis rechts auf rechts aufsteppen, dabei eine Öffnung von ca. 5 cm zum Wenden lassen. Wenden und die Öffnung von Hand zunähen.

3 Mit den kleinen Blütenblättern ebenso verfahren. Beide Blüten von Hand am Blütenkreis zusammennähen, dabei eine kleine Öffnung lassen.

4 Den Stab weiß anmalen und die Farbe trocknen lassen. Die Blüte mit der Öffnung auf den Stab setzen und zum Schluss den Stab mit den Bändern versehen.

Variationen

Hübsch sind auch Blüten in Türkis/Grün oder Rosarot, die wie die gelb/orangefarbenen Blüten nur mit den jeweils angegebenen Materialien genäht werden. Für die **Blüten in Türkis/Grün** das große Blütenblatt zehnmal aus dem türkisfarbenen Baumwollstoff und das kleine Blütenblatt zehnmal aus dem grünen Baumwollstoff mit Blümchen zuschneiden. Den Blütenkreis viermal aus dem gelben Baumwollstoff und viermal aus Vlieseline zuschneiden.
Für die **rosaroten Blüten** das große Blütenblatt 20-mal aus dem rotweiß karierten Baumwollstoff und das kleine Blütenblatt 20-mal aus dem rosa-weiß karierten Baumwollstoff mit Blümchen zuschneiden. Den Blütenkreis viermal aus dem rosafarbenen Baumwollstoff mit weißen Blümchen und viermal aus Vlieseline zuschneiden.

Rund um den Tisch

Brötchenkorb

Zuschnitt
Den Schemaschnitt auf die Originalmaße vergrößern und die Markierungsstellen für die Bänder festlegen. Für die Außen- und Innenseite je einmal einen Kreis aus dem gestreiften und aus dem bedruckten Baumwollstoff sowie eine Einlage aus dem Volumenvlies zuschneiden, dabei jeweils 1 cm Nahtzugabe hinzurechnen. Die Markierungszeichen auf die linke Stoffseite übertragen. Für die Bindebänder aus dem gestreiftem Baumwollstoff in Musterrichtung acht Bänder à 25 cm x 3 cm zuschneiden.

Anleitung
1 Zuerst die Bindebänder fertigstellen. Dafür beide Längsseiten jedes Streifens 0,7 cm zur linken Seite bügeln. Die Streifen längs doppelt legen, die umgebügelten Kanten liegen dabei innen. Die Bänder an der offenen Längskante mit dem Steppstich zusammennähen und an den markierten Stellen von rechts auf die Außenseite stecken, die Bänder liegen innen.

2 Die Außen- und Innenseite rechts auf rechts und darauf das Volumenvlies legen. Danach die Teile verstürzen (siehe Seite 49). Dafür die Kreise ringsum feststecken und mit dem Steppstich aufeinandernähen. Auf der Höhe der Bänder immer einmal zurück- und vornähen, so reißt die Naht nicht so schnell. Dabei ca. 10 cm zum Wenden offen lassen.

3 Die Nahtzugabe des Volumenvlieses mit einer kleinen Schere bis auf ca. 2 mm zurückschneiden. Dann die Stoffnahtzugabe etwas zurückschneiden und in gleichen Abständen einschneiden. So wenden, dass die Stoffe außen liegen. Die Nahtzugaben des offenen Stücks nach innen bügeln und mit Stecknadeln aufeinanderstecken. Den Brötchenkorb ringsum schmal mit dem Steppstich absteppen.

4 Nun immer die beiden nahe beieinanderliegenden Bindebänder zu einer Schleife binden. Je nach Stoffqualität ist es hilfreich, zweimal zu binden und dann erst die Schleife zu setzen.

Schwierigkeitsgrad
● ○ ○

Größe
ø ca. 38 cm

Material
- Baumwollstoff in Blau-weiß gestreift, 65 cm x 40 cm
- Baumwollstoff mit Blümchendruck, 40 cm x 40 cm
- Volumenvlies 280, 40 cm x 40 cm
- Baumwollnähgarn in Blau

Schemaschnitt
Schnittmusterbogen A

Tipps & Tricks

- Bei diesem Brötchenkorb können beide Stoffseiten als Außenseite dienen. Der Trick dabei: Die außen gewünschte Seite nach unten auslegen und die Schleifen binden. Wenn Sie die weit auseinanderliegenden Bänder zusammenbinden, gewinnt der Korb an Tiefe, verliert jedoch an Weite.

- Erhöhen Sie den Durchmesser des Körbchens, lässt es sich fast beliebig vergrößern; verringern Sie aber den Durchmesser, verkleinert es sich bis hin zum Eierbecher.

Tischläufer und Eierwärmer

Tipps & Tricks

- Beim Zuschneiden des Tischläufers auf das Karo achten, damit beide Saumkanten mit dem gleichen Karo enden. Beim Auflegen der Schleifenbänder vielleicht nicht strikt nach den vorgegebenen Zentimeterangaben einteilen, sondern auch auf das Karo achten. Denn je nach Lage und Anordnung der Bänder kann von den Farben her ein anderer Eindruck entstehen. Also ruhig experimentieren!

- Der Läufergröße lässt sich nach Belieben der eigenen Tischgröße anpassen. Die Länge kann um 14 cm vergrößert werden ohne zusätzliche Kosten, da die meisten Stoffe dieser Art mindestens 140 cm breit liegen und so die gesamte Stoffbreite genutzt wird.

- Zum Ausbügeln der Naht an engen Teilen, wie bei den Eierwärmern, ist ein Holzstiel sehr hilfreich. Diesen in das Teil stecken und die Naht bügeln.

Schwierigkeitsgrad
● ● ○

Größe
Tischläufer
ca. 66 cm x 118 cm
Eierwärmer
ca. 9 cm x 9 cm

Material
Tischläufer
- Baumwollrips in Gelborange-weiß, Webkaro, 130 cm x 70 cm
- Satinband in Gelborange, 2,5 cm breit, 410 cm
- Baumwollnähgarn in Gelborange

Eierwärmer
- Baumwollrips in Gelborange-weiß, Webkaro, 50 cm x 20 cm
- Volumenvlies 280, 50 cm x 10 cm
- Satinband in Gelborange, 1 cm breit, 90 cm
- Baumwollnähgarn in Gelborange

Schnittmuster
Schnittmusterbogen A

Tischläufer

Zuschnitt
Für den Läufer ein Rechteck von 126 cm x 70 cm aus dem Baumwollrips zuschneiden. Die Saumkante in 4 cm Abstand von den Querkanten markieren. Für die Schleifenbänder vier 94 cm lange Stücke vom Satinband sowie vier Schleifenstege à 7,5 cm Länge abschneiden.

Anleitung
1 Jedes Schleifenband links auf links doppelt legen und in 24 cm Tiefe vom Bruch weg mit dem Steppstich aufeinandernähen. Das Band an der Naht auseinanderbügeln, dann den Bruch direkt auf die Naht legen und aufsteppen.

2 Die Schleifenstege an den Enden rechts auf rechts zusammensteppen und wenden. Je einen Steg auf eine Schleife ziehen, die Naht liegt unten. Das erste Band im Abstand von 6 cm zur Saumkante des Tischläufers aufstecken, das zweite im Abstand von 12 cm. Die Bänder auf der gegenüberliegenden Seite genauso aufstecken. Immer bis zum Steg mit dem Steppstich schmal aufsteppen.

3 Die Längskanten des Läufers 1 cm breit absteppen bzw. säumen (siehe Seite 30). Nun die Querkanten zuerst 1 cm, dann 3 cm zur linken Seite bügeln und absteppen. Zum Schluss den Läufer bügeln.

Eierwärmer

Zuschnitt
Für zwei Eierwärmer das Schnittmuster viermal im Bruch aus dem Baumwollrips zuschneiden, dann viermal einfach aus Volumenvlies zuschneiden. Überall 1 cm Nahtzugabe dazurechnen, jedoch nicht an der unteren Volumenvlieskante. Für die Rückseiten zwei Satinbänder von 11 cm Länge, für die Vorderseiten zwei Schleifenbänder à 21 cm Länge, zwei Stege von 4 cm Länge und zwei Schlaufen von 6 cm von dem Satinband abschneiden.

Anleitung
1 Die Schleifenbänder für die Vorderseiten links auf links doppelt legen und in 9 cm Tiefe ab Bruch zusammensteppen. Das Band an der Naht auseinanderbügeln, den Bruch direkt auf die Naht legen und aufsteppen. Die Schleifenstege an den Enden links auf links legen und 0,5 cm tief zusammensteppen. Je einen Steg auf eine Schleife ziehen, die Naht liegt unten. Die Schleifenbänder im Abstand von 2 cm zum Bruch (= fertige untere Kante) auf die Vorderseiten, die Bänder in gleicher Höhe auf die Rückseiten stecken. Beidseitig bis zum Steg mit dem Steppstich schmal aufsteppen.

2 Die Vorder- und Rückseite jeweils am Bruch und links auf links doppelt legen, dazwischen ein Volumenvlies bis zum Bruch stecken. Nun jeweils eine Vorder- und Rückseite rechts auf rechts legen, oben in der Mitte einen doppelt gelegten Schlaufenstreifen einlegen, dessen Bruch nach innen liegt. Die Teile aufeinanderstecken oder heften. Die seitlichen Kanten und die obere Rundung 1 cm tief mit dem Steppstich zusammennähen. Die Vlieszugabe ganz zurückschneiden, dann die Nahtzugaben des Stoffes schmaler schneiden. Die Nahtzugaben auseinanderbügeln und die Eierwärmer wenden. Zum Schluss die Teile gut ausformen.

Bestecktasche

Schwierigkeitsgrad

● ● ●

Größe
ca. 24 cm x 24 cm

Material
- Seidentaft in Violett und Türkis, je 30 cm x 45 cm
- Volumenvlies H 640, 25 cm x 45 cm
- Wondertape, ca. 40 cm
- Samtband in Türkis, bestickt, ca. 2,5 cm breit, 25 cm
- Satinband in Türkis, ca. 0,5 cm breit, 25 cm
- Nähgarn in Türkis

Zuschnitt
Je ein Stoffstück in Violett und Türkis und einmal das Volumenvlies in einer Größe von 40 cm x 28 cm zuschneiden. Darin sind die Nahtzugaben enthalten.

Anleitung

1 Das Volumenvlies auf das türkisfarbene Stoffteil bügeln (siehe Seite 16). 5 cm und 9 cm von der unteren Kante des violetten Stoffstückes zwei Markierungslinien für die Bänder aufzeichnen. Als Nähhilfe kann das Wondertape, ein schmales, vorübergehend klebendes Band, das sich nach dem Waschen wieder auflöst, auf die gezeichnete Linie geklebt werden. Das Trägerpapier abziehen und die Bänder aufkleben. So verschieben sich die Bänder während des Nähens nicht. Nun die Bänder an beiden Kanten mit dem Steppstich aufnähen.

2 Die Stoffteile rechts auf rechts legen und verstürzen (siehe Seite 49). Dabei an einer Seite ca. 15 cm zum Wenden offen lassen.

3 Nach dem Wenden die Nähte vorsichtig ausbügeln. Nun die untere Seite 15 cm nach oben falten und feststecken. Die Bestecktasche komplett schmalkantig mit Steppstich umnähen.

4 Jetzt vier Linien im Abstand von 5 cm auf der umgefalteten Tasche markieren und mit Steppstich absteppen. Dabei die Nahtanfänge und -enden gut vernähen.

Servietten mit Serviettenringen

Hinweis

- Um ein schönes Nähergebnis zu erzielen, unterlegen Sie den Stoff am besten mit einem speziellen wasserlöslichen Vlies, wie zum Beispiel Soluweb. Der Stoff bleibt so während des Nähens glatt unter dem Nähfuß liegen und kann sich nicht zusammenziehen.

Schwierigkeitsgrad

● ● ●

Größe
Servietten ca. 36 cm x 36 cm
Serviettenringe
Umfang ca. 16 cm, ca. 5 cm breit

Material für zwei Servietten

- reines Leinen in Natur, je 90 cm x 90 cm
- Nähseide in Braun
- wasserlösliches Vlies

für zwei Serviettenringe

- reines Leinen in Natur, 20 cm x 15 cm
- Nähseide in Braun
- wasserlösliches Vlies

Servietten

Zuschnitt
Für einen fadengeraden Zuschnitt müssen Fäden aus dem Gewebe gezogen werden. Den ersten Faden in der Breite ziehen, danach 36 cm ausmessen und diesen Faden ebenfalls quer aus dem Gewebe herausziehen. Dieser Linie folgend den Stoff zuschneiden. Nun in der anderen Richtung ebenfalls bei 36 cm einen Faden aus dem Gewebe ziehen, dieser Linie folgend den Stoff zuschneiden. So schneiden Sie zwei Servietten je in der Größe von 36 cm x 36 cm zu.

Anleitung
1 Rund um die Serviette so viele Fäden aus dem Gewebe ziehen, bis Sie eine Fransenkante von ca. 2 cm erreicht haben.

2 Legen Sie ein bis zwei Lagen wasserlösliches Vlies unter die Serviette und verzieren Sie die Serviette mit der dunkelbraunen Nähseide mit einem Zickzackstich von ca. 3 mm Breite und ca. 1,5 mm Länge entlang der Fansenkante. Die Fadenenden nach hinten ziehen und verknoten.

Serviettenringe

Zuschnitt
Aus dem Leinenstoff zwei Streifen à 20 cm x 10 cm zuschneiden, dabei die Technik des Fadenziehens wie oben beschrieben anwenden.

Anleitung
2 cm von der offenen Außenkante mit einem Zickzackstich die Längsseite absteppen. Nun alle Längsfäden bis zur Zickzacknaht aus dem Gewebe herausziehen. Die Enden mit einem dichten Zickzackstich versäubern, die Streifen 1 cm weit übereinanderlegen und mit dem Steppstich zusammennähen.

Kaffeekannenwärmer

Tipps & Tricks

◆ Für kleinere Rundungen und feine Applikationsarbeiten ist ein spezieller Nähfuß sehr hilfreich. Er ist sehr kurz, dadurch kann man Rundungen, Ecken und Stiche besser kontrollieren. Der Fuß ist überall im Fachhandel erhältlich.

◆ Durch das dicke Vlies kann das Futter schon einmal herausblitzen. Dem beugen Sie vor, indem Sie das Futter hochziehen und mit lockeren Vorstichen am Vlies festnähen.

◆ Anstelle von Polyestervlies können Sie auch ersatzweise Volumenvlies 280 verwenden. Dann sind 2 bis 3 Lagen notwendig, die am besten aufeinandergeheftet verarbeitet werden.

◆ Der Kaffeekannenwärmer ist von der Größe her für fast alle Kannen geeignet und ausreichend. Für den seltenen Fall, dass ein höherer Wärmer gebraucht wird, einfach den Schnitt in der Höhe verlängern und die Seitenkanten ausgleichen.

Schwierigkeitsgrad
● ● ●

Größe
ca. 40 cm x 38 cm

Material
- Jacquardstoff in Beige, 85 cm x 40 cm
- Jacquardstoff oder Satin in Braun, 45 cm x 25 cm
- Jacquardstoff oder Satin in Weiß, 20 cm x 10 cm
- Polyestervlies, 200 g/qm, 85 cm x 40 cm
- Futtersatin in Beige, 85 cm x 40 cm
- Vliesofix, 35 cm x 10 cm
- Kohlepapier
- Allesnäher-Nähgarn in Beige, Braun und Weiß

Schemaschnitt und Schnittmuster
Schnittmusterbogen A

Zuschnitt
Den Schemaschnitt auf Originalmaße vergrößern und ausschneiden. Die Formblende aus dem Schnitt herauskopieren. Jeweils eine Vorder- und Rückseite aus dem beigen Jacquard sowie aus Polyestervlies und je eine um 1 cm kürzere Vorder- und Rückseite aus dem Futtersatin zuschneiden. Zwei Formbelege sowie eine Lasche von 10 cm x 11 cm aus dem braunen Jacquard zuschneiden. An allen Teilen bis auf die Lasche 1 cm Nahtzugabe dazurechnen.
Die Tasse und die Tassenform gemäß Schnittmuster zweimal grob aus dem braunen Jaquard, die Schaumkrone und den Dampf zweimal aus weißem Jaquard sowie alle Applikationsteile zweimal grob aus Vliesofix zuschneiden.

Anleitung

1 Zuerst die Nahtzugabe an beiden Längskanten der Formbelege nach links bügeln, die Nahtzugabe der oberen Kante mehrfach einschneiden. In 4 cm Höhe auf die Vorder- und Rückseite stecken und mit dem Steppstich schmal aufnähen.

2 Die Tassen applizieren (siehe Seite 55). Dafür die exakt ausgeschnittenen Teile in der Mitte von Vorder- und Rückseite aufbügeln: Die Tasse jeweils 3 cm oberhalb der Formblende und darauf die Schaumkrone. 1,5 cm oberhalb davon den Dampf anordnen. Alles aufnähen und die Applikationen bügeln.

3 Nun das Laschenteil längs rechts auf rechts doppelt legen und verstürzen (siehe Seite 49), dann mit dem Steppstich schmal absteppen. Quer doppelt legen und von rechts oben in der Mitte an die Vorderseite stecken, die Lasche zeigt nach unten.

4 Die Vorder- und Rückseite mit Vlies unterlegen und feststecken. Dann rechts auf rechts legen und bis auf die untere Kante mit dem Steppstich zusammennähen. Die Nahtzugabe am Vlies zurückschneiden und die Nahtzugabe in der Rundung einschneiden. Das Teil wenden und die Naht bügeln.

5 Das Futter rechts auf rechts mit dem Steppstich zusammennähen, an einer Seite ab ca. 7 cm Höhe mindestens 20 cm offen lassen. Die unteren Kanten rechts auf rechts stecken und aufeinandernähen. Die Vlieszugabe zurückschneiden. Das Teil durch den Schlitz wenden und die Naht bügeln. Die Nahtzugaben am Schlitz zur linken Seite bügeln und die Kanten zusammensteppen. Das Futter in den Wärmer stecken. Oberhalb der Blende in den Nahtfugen einige Stiche vor- und zurücknähen und so das Futter fixieren. Oben in der Nahtrundung das Futter mit einigen Handstichen sichern.

Topfhandschuh

Tipps & Tricks

- Soll der Topfhandschuh ein persönliches Geschenk werden, sieht es auch sehr hübsch aus, wenn Sie den Namen des Beschenkten einsticken.

- Bei unifarbigem Stoff kann man mit einer Herz oder einer Blütenapplikation tolle Designerstücke herstellen.

- Beim Absteppen der Handschuhteile kann man seiner Phantasie freien Lauf lassen. Neben dem Karomuster sind ohne weiteres auch Streifen, Blüten, Kreise oder Phantasiemuster möglich!

Schwierigkeitsgrad
● ● ●

Größe
ca. 16 cm x 28 cm

Material
- Baumwollstoff in Bunt gemustert, 20 cm x 60 cm
- Baumwollstoff in Pink-weiß gestreift, 30 cm x 80 cm
- Moltoneinlage, 20 cm x 60 cm
- Karoband in Rosa-weiß, 5 mm breit, 40 cm
- Karoband in Gelb-weiß, 10 mm breit, 20 cm
- Nähgarn in Weiß

Schnittmuster
Schnittmusterbogen A

Zuschnitt
Alle Teile gemäß Schnittmuster ohne Nahtzugabe zuschneiden. Das Handschuhteil zweimal aus dem gemusterten Baumwollstoff, zweimal aus dem gestreiften Baumwollstoff und zweimal aus Molton zuschneiden. Den Schrägstreifen 6 cm x 32 cm aus dem pink-weiß gestreiften Baumwollstoff zuschneiden.

Anleitung

1 Die Handschuhteile aus dem gemusterten Baumwollstoff mit der rechten Seite nach oben auf die Handschuhteile aus Molton heften. Die Papierschnitte mit dem Karoraster darüberlegen und feststecken. Das Raster im Steppstich absteppen. Beide abgesteppten Handschuhteile rechts auf rechts zusammennähen und die Arbeit wenden.

2 Für das Futter die Handschuhteile aus dem gestreiften Stoff rechts auf rechts mit dem Steppstich zusammennähen. Das Futter in den Handschuh einlegen. Die untere Kante feststecken und im Zickzackstich umnähen.

3 Den Schrägstreifen rechts auf rechts an den Enden im Steppstich zusammennähen und mit dem Bügeleisen zu einem Schrägband umbügeln, also das Schrägband der Länge nach links auf links auf die Hälfte legen und anbügeln, so entsteht die Mitte. Die beiden Außenkanten links auf links zur Mitte umbügeln. Zum Annähen das Schrägband wieder aufklappen und rechts auf rechts an die untere Kante des Handschuhs heften. Das Schrägband um die Handschuhöffnung mit dem Steppstich annähen, dabei den Aufhänger aus dem gelb-weißen Karoband gleich mit annähen. Das Schrägband umklappen, von der Innenseite des Handschuhs noch einmal anheften und absteppen. Das Karoband in Rosa-weiß oberhalb des Aufhängers annähen und eine Schlaufe binden. Fertig ist der Topfhandschuh.

Accessoires

Handtasche mit Bändern und Spitzen

Zuschnitt
Alle Teile mit einer Nahtzugabe von 1 cm zuschneiden. Aus dem naturfarbenen Nesselstoff für die Tasche einmal ein Rechteck von 40 cm x 50 cm, für den Besatz zwei Streifen von 4 cm x 40 cm und für die Henkel ebenfalls zwei Streifen von 9 cm x 46 cm zuschneiden. Außerdem für die Tasche aus Vlieseline einmal ein Rechteck von 40 cm x 50 cm und für das Futter aus dem hellgrünen Baumwollstoff ebenfalls ein Rechteck von 40 cm x 50 cm zuschneiden.

Anleitung
1 Auf das Taschenteil aus Nesselstoff die Vlieseline aufbügeln (siehe Seite 16). Das Teil zur Hälfte legen (die kurzen Seiten aufeinander) und andämpfen = Mitte. Beidseitig der Mitte 4 cm abmessen und markieren. Diese 8 cm sind der Boden der Tasche.

2 Das Volumenvlies mittig auflegen und anheften. Auf der zukünftigen Vorderseite der Tasche die Bänder nach Belieben anordnen und im Steppstich aufsteppen (ab Taschenboden ca. 16 cm hoch).

3 Die Tasche rechts auf rechts zusammenlegen und beidseitig mit dem Steppstich zusammennähen. Für den Boden die Ecken auseinanderlegen und beidseitig 8 cm breit absteppen.

4 Den Reißverschluss jeweils rechts auf rechts an den Besatz nähen und das Futter von unten gegennähen. Das Futter mit dem Besatz und dem Reißverschluss rechts auf rechts legen und beidseitig mit dem Steppstich zusammennähen.

5 Die Henkel links auf links der Länge nach zusammenlegen und andämpfen, an beiden Kanten jeweils 1 cm nach innen umschlagen und nochmals andämpfen. Einen schmalen Streifen aus Volumenvlies einlegen. An dieser Kante doppelt absteppen.

6 Das Futter rechts auf rechts in die Tasche schieben und den Henkel 10 cm von der Seitennaht entfernt anheften. Das Futter und die Tasche an der Oberkante entlang absteppen, dabei eine Öffnung von ca. 15 cm lassen. Die Tasche wenden und die Öffnung von Hand schließen.

Schwierigkeitsgrad
● ● ●

Größe
ca. 20 cm x 38 cm

Material
- Nesselstoff in Natur, 60 cm x 50 cm
- Baumwollstoff in Hellgrün, 50 cm x 40 cm
- Vlieseline H 250, 50 cm x 50 cm
- Volumenvlies, 50 cm x 50 cm
- 1 Reißverschluss in Natur, 40 cm
- Bänder in verschiedenen Farben, Formen und Breiten, je 40 cm
- Nähgarn in Natur

Tipps & Tricks

- Sie trauen sich noch nicht an einen Reißverschluss heran? Kein Problem! Nähen Sie die Tasche einfach ohne Reißverschluss. Dazu das Futter direkt rechts auf rechts an den Besatz nähen. Als Verschlussalternativen bieten sich ein Klettverschluss, ein Knopf oder ein Druckknopf an. Sie können den Verschluss aber auch ganz weglassen.

- Im Fachhandel gibt es auch schöne Alternativen für die Henkel, beispielsweise aus Bambus, Holz, Metall oder Kunststoff.

Umhängetasche

Tipps & Tricks

- Um schöne Ausschnitte für das Taschenmittelteil auswählen zu können, ist es bei einem großen Muster hilfreich, etwas mehr Stoff einzukaufen als angegeben. Noch besser: den Schnitt mitnehmen.

- Der Boden von Innen- und Außentasche kann auch vor dem Zusammennähen der beiden Taschen separat geschlossen werden. Der Vorteil: Die Nähte lassen sich besser auseinanderbügeln, der Boden wird flacher und die Tasche kann beidseitig verwendet werden.

- Gestreifte und großblumige Stoffe sind meist günstig und in größerer Auswahl in Dekoabteilungen von Kaufhäusern zu finden. Die Stoffe aus dem Dekobedarf sind oft stabiler als Bekleidungsstoffe, was für eine Umhängetasche vorteilhaft ist.

Schwierigkeitsgrad
● ● ○

Format
ca. 52 cm x 35 cm

Material
- Baumwollrips in Grün-weiß gestreift, 125 cm x 85 cm
- Baumwollrips mit Blumendruck, 125 cm x 45 cm
- Baumwollnähgarn in Grün und Weiß

Schemaschnitt
Schnittmusterbogen A

Zuschnitt
Diese Umhängetasche besteht aus einer Außen- und einer Innentasche. Den Schemaschnitt auf Originalmaße vergrößern und die Markierungsstellen für die Ansätze von Seitenteil und Taschenwänden festlegen. Das Seitenteil an der Bruchlinie doppeln. Das erleichtert das Zuschneiden. Vier Henkelstreifen à 84 cm x 7 cm aus dem grün-weiß gestreiften Baumwollrips so zuschneiden, dass der grüne Streifen in der Mitte liegt. Die Nahtzugabe ist bei einem 5 cm breiten Streifenmuster weiß. Aus dem restlichen Streifenstoff das Seitenteil viermal quer zuschneiden, so dass die Streifen waggerecht laufen. Alle Mittelteile zweimal aus Blumenstoff zuschneiden, für die Tasche und den Boden jeweils einen schönen Musterausschnitt auswählen. An allen Teilen 1 cm Nahtzugabe hinzurechnen, an der oberen Kante der Seitentasche 3 cm. Die Markierungen anbringen (siehe Seite 25).

Anleitung

1 Für das Mittelteil der Außentasche erst einmal die obere Kante von Seitentasche und Boden im Zickzackstich versäubern, 3 cm nach links bügeln und absteppen. Das Teil jeweils links auf rechts in 10 cm Tiefe auf die Taschenwand stecken, dafür die Zeichen im Schemaschnitt beachten. Beide Mittelteile in 18 cm Taschentiefe mit dem Steppstich aufeinandernähen. An den Seitenteilen die schräge Naht vom Bruch weg schließen.

2 Für die Außentasche seitlich an die entsprechenden Mittelteile, rechts auf rechts, je einen Henkelstreifen mit dem Steppstich annähen, dabei oben 1 cm Nahtzugabe offen lassen. Nun an ein Mittelteil mit Henkeln beidseitig ein Seitenteil nähen, jedoch die Nahtzugabe am oberen und unteren Nahtende ebenfalls offen lassen; dabei liegen die oberen Kanten auf gleicher Höhe. Das zweite Mittelteil mit Tasche auf gleiche Weise zwischen die offenen Seitenteilkanten nähen. Die Nahtzugaben in die Henkel bügeln und die Henkelansätze von rechts schmal absteppen.

3 Die Innentasche genauso fertigen. Die Henkel am oberen Ende rechts auf rechts schließen.

4 Alle Nahtzugaben an den oberen Taschenkanten und Henkeln exakt nach links bügeln. Die Innentasche mit der linken Seite nach außen in die Außentasche einpassen. Die Kanten genau aufeinanderlegen, mit Stecknadeln fixieren und dann die Taschenoberkanten schmal zusammensteppen. Nun die Henkel zusammensteppen, dabei die Absteppnähte von unten fortführen.

5 Die Tasche wenden. Die unteren Kanten exakt aufeinanderlegen. Zuerst die Naht in Bodenmitte schließen, für mehr Stabilität am besten zweimal nähen. Die Nahtzugabe mit Zickzackstich versäubern (siehe Seite 36) und auseinanderbügeln. Nun die 4 cm breiten Seiten schließen und versäubern. Durch das Zusammenfassen beider Böden bekommt der Taschenboden mehr Halt.

Stola

Tipps & Tricks

◆ Eine Perlenborte, deren Befestigungsband schön ist und das farblich gut zum Stoff passt, wertet die Stola im Allgemeinen auf und vereinfacht die Verarbeitung erheblich. In diesem Fall die Borte mit dem Befestigungsband rechts auf rechts an die Querkanten legen und wie oben beschrieben ansteppen. Dann das Band zur linken Seite schlagen und die noch lose Bandkante ansteppen.

◆ Taft gibt es in verschiedenen Qualitäten und Preisen. Taft mit einem hohen Acetatanteil ist vom Griff, Aussehen und Tragekomfort her ähnlich wie Taft aus Seide, jedoch wesentlich günstiger.

Schwierigkeitsgrad
● ● ●

Größe
ca. 200 x 100 cm

Material
- Taft in Dunkelblau, 205 cm x 110 cm
- Perlenborte in Schwarz, 205 cm
- Allesnäher-Nähgarn in Dunkelblau

Zuschnitt
Für die Stola ein Rechteck von 202 cm x 103 cm sowie zwei Belegstreifen à 102 cm x 3 cm aus Taft zuschneiden.

Anleitung
1 Beide Längsseiten der Stola jeweils 1,5 cm zur linken Seite bügeln. Zum Säumen nochmals die Hälfte des Saumes einschlagen und ansteppen. Dies geht bei Taft recht einfach, wenn die fertige Saumkante bereits durch Bügeln festgelegt ist.

2 Die Perlenborte halbieren. Je eine Hälfte mit dem Befestigungsband rechts auf rechts an die Querkanten der Stola stecken, die Perlenstränge zeigen dabei zur Mitte. Die Perlenborte mit dem Reißverschlussfuß an der innenliegenden Kante des Befestigungsbandes mit dem Steppstich festnähen.

3 Da das Befestigungsband der Borte in diesem Fall schwarz ist, sollten Sie es verdecken. Hierfür die Belegstreifen rechts auf links auf das Befestigungsband stecken, die Schnittkanten sind bündig. Die Nahtzugaben an den Bandenden einschlagen. Die Stola wenden und nochmals mit dem Reißverschlussfuß auf Nahthöhe steppen. Nun die Belegstreifen zur linken Seite kippen. Die offenen Belegkanten jeweils um die Zugaben schlagen und feststecken. Zum Schluss von links absteppen.

Schal

Tipps & Tricks

- Um sehr rutschige und dehnbare Stoffe oder verschiedenartige Stoffe richtig und ohne Verzug aneinandernähen zu können, empfehlen wir, ein Wondertape zu verwenden. Das ist ein spezielles Klebeband. Es wird auf die linke Schnittkande des Stoffes aufgeklebt, und zwar genau da, wo die Steppstichnaht genäht wird. Somit bleibt während des Nähens der Stoff unelastisch. Erst nach dem Waschen löst sich dieses Band wieder auf. So haben Sie immer perfekt glatte und keine ausgewellten Nähte.

Schwierigkeitsgrad
● ● ●

Format
40 cm x 40 cm

Material
- Pannesamt in Bordeauxrot, 240 cm x 50 cm
- Pannesamt in Ockergelb, 60 cm x 45 cm
- Voile in Rosa, 20 cm x 40 cm
- Wildseide in Orange, 30 cm x 40 cm
- Wildseide in Altrosa, 50 cm x 40 cm
- Seidentaft in Bordeauxrot, bestickt, 25 cm x 40 cm
- Chiffon in Pink, 50 cm x 45 cm
- Tüllspitze in Bordeauxrot, bestickt, 160 cm x 5 cm
- Fransenborte in passender Farbe, 80 cm x 4 cm
- Nähgarn in Bordeauxrot

Schnittmuster
Schnittmusterbogen B

Zuschnitt
Aus dem roten Pannesamt für das Schalrückenteil einen Streifen von 180 cm x 45 cm sowie je einmal die Schnittteile 1, 5 und 9 zuschneiden. Darin sind die Nahtzugaben bereits enthalten. Die Schnittteile 6 und 8 jeweils einmal aus dem ockergelben Pannesamt und aus dem rosafarbenen Voile einmal das Schnittteil 2 zuschneiden. Aus der orangefarbenen Wildseide je einmal die Schnittteile 3 und 11, aus der altrosafarbenen Wildseide die Schnittteile 7 und 10, aus dem bestickten Seidentaft das Schnittteil 4 und aus dem pinkfarbenen Chiffon die Schnittteile 7 und 8 zuschneiden. All diese Schnittteile mit einer Nahtzugabe von 2 cm zuschneiden.

Anleitung

1 Die Schnittteile 1 und 2 der Länge nach rechts auf rechts zusammenstecken, heften und mit dem Steppstich in einer Stichlänge von 2,5 mm zusammennähen.

2 Die Tüllspitze rechts auf rechts an den rosafarbenen Voile stecken, die überschüssige Länge abschneiden, die Spitze anheften und ansteppen.

3 Jetzt die Schnittteile 3, 4, 5 und 6 aneinanderstecken, heften und mit Steppstich zusammennähen. Wieder die Tüllspitze rechts auf rechts anstecken und ansteppen.

4 Das Schnittteil 7 aus dem pinkfarbenen Chiffon auf das entsprechende Schnittteil aus altrosafarbener Seide legen, beides rechts auf rechts auf die Tüllspitze stecken und mit dem Steppstich annähen.

5 Am Ende des Stoffes wieder einen Streifen Tüllspitze mit dem Steppstich annähen, danach den zweiten pinkfarbenen Chiffon auf das ockerfarbene Schnittteil 8 legen, rechts auf rechts an das vorige stecken und ebenfalls ansteppen.

6 Jetzt Schnittteil 9 und 10 anschließen. An die altrosafarbene Seide das Tüllband ansteppen und mit dem orangefarbenen Seidenstreifen den Schal abschließen.

7 Alle Nähte vorsichtig ausbügeln. Die Längsseite mit einem langen Lineal und einem Markierstift von der linken Seite begradigen, so dass eine Schalbreite von ca. 35 cm entsteht. Den überschüssigen Stoff abschneiden, den rückwärtigen Schalstreifen rechts auf rechts auf den vorderen legen, gut feststecken, heften und rundum füßchenbreit mit Steppstich zusammennähen. Dabei die Schmalseite an dem orangefarbenen Seidenende offen stehen lassen.

8 Die Nahtzugaben etwas zurückschneiden, die Ecken ebenfalls bis knapp an die Naht zurückschneiden, den Schal wenden und bügeln.

9 Das offene Schalende mit einem schmalen Zickzackstich zusammen versäubern, und die Fransenborte an beiden Enden auf die rechte Seite aufstecken. Mit einem schmalen Zickzack- oder einem Steppstich aufnähen.

Gürtel

Hinweis

- Der Gürtel besteht aus zwei Teilen, einem 12 cm breiten Bundteil und einem 4 cm breiten Gürtel, der darüber getragen wird. Beides kann man mit Klettband schließen.

Tipps & Tricks

- Strasssteine gibt es mittlerweile in vielen Farben im Handel, auch zum Aufbügeln und Aufkleben mit einem speziellen Schmucksteinkleber. Diese Befestigungsarten sind sehr einfach und trotzdem haltbar.

- Mit Zauberkreide lassen sich die Stellen für die Strasssteine sehr leicht und schnell markieren. Dies erleichtert das Aufnähen. Am besten immer nur einen Punkt setzen. Davon ist später nichts mehr zu sehen, da sich die Kreide selbst löscht.

Schwierigkeitsgrad
● ● ●

Größe
34–42

Material
- Popeline in Schwarz, 80–105 cm x 40 cm
- Bundfix, 4 cm breit in Gürtellänge (= Taillenweite plus ca. 12 cm)
- Klettband in Schwarz, 2 cm breit, 20 cm
- 50 bis 60 Strasssteine zum Aufnähen in Kristall, ø 5 mm
- Allesnäher-Nähgarn in Schwarz

Motivanordnung
Schnittmusterbogen A

Zuschnitt
Aus der Popeline einen 26 cm breiten Bundstreifen in Taillenweite plus 14 cm Untertritt zuschneiden sowie einen 10 cm breiten Gürtelstreifen in Taillenweite plus 12 cm Zugabe für den Untertritt. In den Maßen ist 1 cm Nahtzugabe enthalten. Bundfix in der Länge des Gürtelstreifens zuschneiden, längs doppelt legen und an einem Ende eine rechtwinkelige Spitze schneiden. Mit der Klebeseite nach unten von links auf den Gürtelstreifen legen und mit der Einstellung „Wolle trocken" mit Druck langsam gleitend (ca. 8 Sekunden pro Stelle) aufbügeln. Danach für die Gürtelschlaufen einen Popelinestreifen von 14 cm x 3 cm zuschneiden.

Anleitung

1 Am Bundstreifen längs die Mitte markieren. Vom Klettband 2 cm x 7 cm abschneiden. An einem Ende (= Übertritt) einmal 1 cm von der Mittemarkierung und einmal von der Längskante entfernt jeweils eine Klettbandhälfte von rechts auflegen und ringsum schmal aufsteppen.

2 Den Bund entlang der Mittemarkierung rechts auf rechts doppelt legen und die offenen Seiten mit dem Steppstich aufeinandernähen, dabei ein Stück offen lassen. Die Nahtzugabe an den Ecken zurückschneiden und auseinanderbügeln. Den Bund wenden und nochmals bügeln. Ringsum schmal absteppen, dabei das offene Stück schließen.

3 Die anderen Klettbandhälften an der Querkante beginnend, im Abstand von 1 cm zu den Längskanten, auf den Untertritt stecken und schmal aufsteppen. Beide Längskanten des Schlaufenstreifens zur linken Seite bügeln, dann längs doppelt legen und beide Kanten schmal absteppen.

4 Die Streifen halbieren. Den Bund um die Taille legen, die Kante des Übertritts (= vordere Mitte) und die Stellen für die Schlaufen an den Seiten festlegen. Die erste Schlaufe 3,5 cm von der oberen Kante entfernt auflegen, die Schlaufe zeigt nach oben. 1 cm breit absteppen. Das offene Schlaufenende 1 cm einschlagen, 3,5 cm von der unteren Kante entfernt auflegen und festnähen.

5 Am Gürtelstreifen längs die Mitte markieren. Am Ende mit der Einlagespitze eine Hälfte des Klettbandrestes von rechts auf die Streifenhälfte stecken, die nachher die Innenseite bildet, der Abstand zur Spitze beträgt 3 cm. Das Klettband schmal aufsteppen. Den Gürtelstreifen längs und rechts auf rechts doppelt legen. Die Spitze und weitere 2 cm mit dem Steppstich zusammennähen. Die Nahtzugabe an der Spitze und den Ecken zurückschneiden. Die Spitze wenden und bügeln. Die restlichen Nahtzugaben einschlagen, was durch die Bundfix-Einlage sehr leicht fällt, und bügeln. Ringsum schmal zusammenstecken und absteppen. Die zweite Klettbandhälfte, an der Querkante beginnend, auf den Untertritt stecken und im Anschluss daran schmal aufsteppen.

6 Nun die Stellen für die Strasssteine laut Motiv-Anordnung auf der Außenseite des Gürtels markieren und annähen (siehe Seite 61). Nach dem Motiv die mittlere Reihe bis zum Klettband fortsetzen. Zum Schluss den Gürtel in die Schlaufen des Bundes ziehen und schon ist dieser attraktive Gürtel fertig.

Australia
since 1968

Schlafbrille

Tipps & Tricks

- Für eine Schlafbrille eignen sich vor allem schöne Stoffreste, die in Stoffabteilungen oft günstig angeboten werden oder auch zu Hause in der Restekiste zu finden sind.

- Schlafbrillen werden im Handel meistens eingefasst angeboten. Das ist auch einfach selbst zu machen mit einem schmalen vorgefalzten Schrägband, das in Kurzwarenabteilungen erhältlich ist. So lassen sich verschiedene Stoffe und Bandfarben reizvoll kombinieren. Und so geht's: Alle Brillenteile ohne Zugabe zuschneiden, links auf links legen, das Vlies dazwischen schichten. Das Schrägband ringsum auf die Kante stecken, die Verschlussbänder und das Nasenteil von links unter das Schrägband stecken und zusammenheften. Das Schrägband ringsum feststeppen, dabei wird die untere Bandkante mitgefasst.

Schwierigkeitsgrad
● ● ●

Größe
ca. 58–65 cm

Material
- Taft in Weinrot, bestickt, 85 cm x 20 cm
- Volumenvlies 280, 30 cm x 15 cm
- Klettbandverschluss in Rot, 2 cm breit, 10 cm
- Allesnäher-Nähgarn in Weinrot

Schnittmuster
Schnittmusterbogen A

Zuschnitt
Das Schnittmuster auf 200 % vergrößern. Das Nasenteil an einer Mitte/Bruchlinie doppeln. Das Brillenteil aus Taft zweimal im Bruch und einmal aus Volumenvlies zuschneiden. Beim Zuschneiden des äußeren Brillenteils unbedingt auf einen schönen Musterausschnitt achten! Das Nasenteil einmal im Bruch in schrägem Fadenlauf zuschneiden, damit es dehnbar ist. Überall 1 cm Nahtzugabe hinzurechnen. Zwei Verschlussbänder von 25 cm x 6 cm aus Taft zuschneiden, hier ist die Nahtzugabe von 1 cm bereits enthalten.

Anleitung

1 Zuerst die Verschlussbänder längs rechts auf rechts legen und jeweils an einer Längs- und Querkante verstürzen (siehe Seite 49). Ein Brillenteil mit der rechten Seite nach oben auslegen. Auf die seitlichen Ansatzlinien je ein Band mit dem offenen Ende stecken, die geschlossenen Bandenden liegen auf dem Brillenteil. Das zweite Brillenteil rechts auf rechts darauflegen und das Volumenvlies darunter. Die Teile feststecken oder zusammenheften und ringsum verstürzen. Dabei oben an der geraden Kante ca. 8 cm zum Wenden offen lassen und nach dem Zusammensteppen die Zugabe des Vlieses mit einer kleinen Schere zurückschneiden. Nach dem Wenden das offene Stück von Hand schließen (siehe Seite 59) und das Teil bügeln.

2 Am Nasenteil die Nahtzugaben zur linken Seite bügeln und links auf links im Bruch doppelt legen. An den Kanten aufeinanderstecken und mit dem Steppstich schmal zusammennähen. Das Nasenteil so unter die untere Kante des Brillenteils legen, dass die Bruchkante und die unteren Brillenrundungen eine Linie bilden. Feststecken. Das Brillenteil ringsum füßchenbreit absteppen (siehe Seite 30), dabei wird das Nasenteil mitgefasst.

3 Vom Klettband 8 cm abschneiden und das Band halbieren. Die Klettbandhälften jeweils 1 cm vom Ende entfernt einmal auf und einmal unter ein Verschlussband stecken und danach ringsum schmal absteppen.

Pareo

Tipps & Tricks

- Sie können auch die Außenkanten des Stoffes mit einem schmalen Saum einnähen. Hierfür legen Sie die Stoffkante 1 cm nach innen ein, bügeln die Kante an und danach 1 cm um. Dann die Kanten feststecken, evtl. heften und mit dem Steppstich umnähen.

- Alternativ können Sie auch einen schmal eingestellten Zickzackstich wählen und die umgebügelten Außenkanten absteppen.

- Sehr hübsch sieht es auch aus, wenn Sie die Bindebänder am Ende mit aufgenähten Perlen verzieren oder an den unteren Ecken des Pareos Applikationen aufbügeln.

Schwierigkeitsgrad

● ● ●

Größe

ca. 130 cm x 90 cm

Material

- Seide in Türkis, ca. 160 cm x 100 cm
- Maschinen-Nähgarn in Türkis

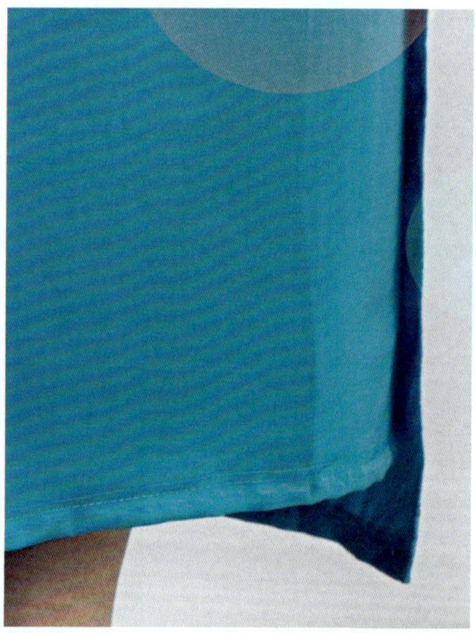

Zuschnitt

Aus dem Stoff ein Rechteck von 135 cm x 95 cm und zwei Bindebänder à 8 cm x 100 cm zuschneiden. Darin sind 1 bis 2 cm Nahtzugabe enthalten.

Anleitung

1 Die Bindebänder rechts auf rechts jeweils an die linke und rechte Außenseite der oberen Pareokante annähen. Die Nahtzugaben mit dem Zickzackstich versäubern (siehe Seite 37).

2 Die Nähte des Rechtecks versäubern und mit dem Steppstich absteppen. Alle vier Außenkanten mit dem Steppstich in einer Stichlänge von 1,5 bis 2 mm von der rechten Stoffseite in einem Abstand von 1 cm umnähen. Anschließend mit dem Zickzackstich (Breite 1,5 mm, Länge 0,5 bis 1 mm) genau über die genähte Steppstichnaht nähen. Bei Bedarf den Stoff hinten leicht mitziehen. Nun sehr vorsichtig den überschüssigen Stoff knapp an der Zickzackkante zurückschneiden.

3 Zum Schluss die Enden der Bindebänder 1 cm ein- und 1 cm umschlagen und mit dem Steppstich absteppen.

Geschenkideen

Federmäppchen

Zuschnitt
Alle Teile gemäß Schnittmuster mit einer Nahtzugabe von 1 cm zuschneiden. Das Schnittmusterteil Mäppchen einmal aus dem pinkfarbenen Baumwollcord, einmal aus dem Baumwollstoff Pink Batik und einmal aus Vlieseline zuschneiden. Das Täschchen, die Beuteltasche und die Blüte jeweils zweimal aus dem Baumwollstoff Pink Batik zuschneiden. Und das Herzchen zweimal aus dem orangefarbenen Baumwollsatin zuschneiden.

Anleitung
1 Die Schnittteile Täschchen (Täschchen wird doppelt gearbeitet) an der gestrichelten Linie rechts auf rechts und die Nahtzugabe an der unteren Kante links auf links umbügeln. Beidseitig absteppen. Beide Täschchenteile mit der Klappe rechts auf rechts, um die Klappe herum mit dem Steppstich zusammennähen. Das Täschchen wenden, das Innenteil nicht wenden. Das Innenteil einschieben. Die noch offene Naht von Hand schließen und die Klappe absteppen.

2 Für die Beuteltasche die beiden Teile mit dem Steppstich zusammennähen, dabei einen Schlitz von ca. 18 cm offen lassen. Den Reißverschluss einnähen (siehe Seite 54). Die Ecken jeweils zur Hälfte legen und an der gestrichelten Linie (siehe Schnitt) absteppen. Die Beuteltasche am Rand rundum 1 cm breit nach links umbügeln.

3 Die Gummilitze in gespanntem Zustand im Zickzackstich auf das Taftband nähen und beidseitig im gespannten Zustand nochmals mit dem Steppstich absteppen.

4 Für das Mäppchen die Vlieseline auf den Baumwollstoff bügeln (siehe Seite 16). Das Täschchen, die Beuteltasche und die Gummilitze auf das Mäppchenteil aus Baumwolle heften und aufsteppen. Den Baumwollcord nun rechts auf rechts auf die Arbeit legen und festheften. Den Schnitt auflegen und mit Stecknadeln fixieren. An dem Schnitt entlang, rund um das Mäppchen steppen, dabei zum Wenden eine Öffnung von ca. 10 cm offen lassen. Die Arbeit wenden und die offene Naht von Hand schließen.

5 Das Herzchen rechts auf rechts mit dem Steppstich zusammennähen, dabei eine Öffnung von ca. 3 cm offen lassen. Das Herz wenden, mit Füllwatte stopfen und Naht schließen. Mit Rocailles in Grün besticken.

6 Ein Stück Taftband und das Herzchen mit einer Schnur aus bunten Perlen an dem Reißverschluss befestigen. Den Druckknopf an das Täschchen nähen und von außen mit einer Paillette in Grün und Rocailles in Orange besticken.

7 Für die Blüte die Schnittteile rechts auf rechts mit dem Steppstich zusammennähen, dabei eine Öffnung von ca. 3 cm offen lassen. Die Blüte wenden, mit etwas Füllwatte stopfen und die Naht von Hand schließen. Die Blütenkante mit Rocailles in Orange besticken. In die Mitte der Blüte, Bänder in verschiedenen Farben und Breiten annähen. Zum Schluss mittig eine große Perle in Gelb annähen. Die Blüte an das Mäppchen nähen. Für den Verschluss einen Knopf und aus einem Stück Taftband eine Schlinge annähen.

Schwierigkeitsgrad
● ● ●

Größe
ca. 21 cm x 38 cm

Material
- Baumwollcord in Pink, 25 cm x 40 cm
- Baumwollstoff in Pink Batik, 25 cm x 100 cm
- Baumwollsatin in Orange, 5 cm x 10 cm
- Vlieseline H 200, 25 cm x 40 cm
- 1 Reißverschluss in Grün, 20 cm
- Gummilitze, 10 mm breit, 50 cm
- Taftband in Pink, 25 mm breit, 100 cm
- Bänder in verschiedenen Farben und Breiten, je 10 cm
- Rocailles in Grün, ø 2 mm
- Rocailles in Orange, ø 2,6 mm
- Pailletten in Grün, ø 8 mm
- Perlen in verschiedenen Größen und Farben
- 1 Druckknopf zum Annähen, ø 5 mm
- 1 Knopf in Pink, ø 20 mm
- Nähgarn in Pink
- Füllwatte

Schnittmuster
Schnittmusterbogen A

Tipps & Tricks

- Das Annähen des Gummibandes können Sie sich erleichtern, indem Sie einen Papierschnitt mit einem Raster von je 1 cm Abstand zeichnen. Dieses Raster an der gewünschten Stelle auf das Mäppchen heften, mit einer Nadel das Gummiband Stück für Stück auf dem Raster fixieren und dann im Steppstich über das Gummiband und das Papierraster in exakt gleichmäßigen Abständen steppen. Anschließend das Papierraster einfach herausziehen.

Herrenschürze

Tipps & Tricks

- Rund verlaufende Kanten, wie die seitlichen Ausschnitte der Schürze lassen sich eigentlich nicht oder nur ganz schmal säumen. Soll der Saum 0,7 cm breit werden, so ist die 1,5 cm breite Nahtzugabe dieser Kanten unter Dampf zu dehnen. Dies geht am besten, wenn das Bügeleisen auf die Nahtzugabe gestellt wird, mit der linken Hand etwas nach links gezogen und das Bügeleisen mit etwas Druck nach rechts bewegt wird. Die Technik zuerst an einem Probestück ausprobieren!

- Gestreifte Stoffe können sehr inspirieren und ermöglichen eine Vielfalt an kreativen Umsetzungen. So lassen sich durch die Platzierung von Taschen und Blenden, und deren Streifen, die längs, quer oder schräg zum Grundstoff verlaufend zugeschnitten werden können, sehr interessante Effekte erzielen.

Schwierigkeitsgrad
● ● ○

Größe
46–56

Material
- Baumwollstoff in Grauweiß gestreift, 140 cm x 115 cm
- Baumwollstoff in Gelb, 40 cm x 10 cm
- Vliesofix, 40 cm x 10 cm
- Baumwoll-Nähgarn in Grau und Naturweiß
- Allesnäher-Nähgarn in Gelb

Schemaschnitt und Schnittmuster
Schnittmusterbogen A

Zuschnitt
Den Schemaschnitt auf Originalmaße vergrößern und die Markierungsstellen für die Tasche und die Zierblende festlegen. Den separaten Beleg aus dem Schnitt herauskopieren. Die Schürze und den Beleg längs und je einmal im Bruch aus dem gestreiften Stoff zuschneiden (siehe Seite 23). Die Tasche quer und einmal im Bruch sowie eine Zierblende von 86 cm x 22 cm quer zuschneiden. Ein Halsband von 65 cm x 7 cm und zwei Bindebänder à 60 cm x 7 cm jeweils längs zuschneiden. Dabei folgende Nahtzugaben hinzurechnen: Für alle Teile außer der Zierblende 1 cm, für die seitlichen Schürzenkanten 2 cm, für die Ausschnittrundungen 1,5 cm, für die untere Schürzen- und obere Taschenkante 4 cm. Die Markierungen anbringen.
Die Schnittmuster für die Zitronen auf 200 % vergrößern. Dann die Zitronenformen grob aus dem gelbem Baumwollstoff und dem Vliesofix zuschneiden. Das Vliesofix aufbügeln, die Vorlage übertragen und exakt ausschneiden.

Anleitung

1 Beide Längsseiten der Bänder zweimal 1 cm zur linken Seite schlagen und mit dem Steppstich absteppen (= 1 cm breit säumen). Ein Ende der Bindebänder längs und rechts auf rechts doppelt legen, dann zusammensteppen. Wenden und die entstandene Ecke absteppen. Die untere Belegkante 1 cm einschlagen und absteppen. Die Saumzugabe an Tasche und Schürze zunächst 1 cm, dann 3 cm umbügeln und absteppen.

2 Die Enden des Nackenbandes rechts auf rechts oben an den Latz stecken, das Band liegt nach unten. Den Beleg rechts auf rechts darüberlegen und an den Seiten und der oberen Kante im Steppstich zusammennähen. Die Nahtzugabe an den Ecken zurückschneiden und den Beleg wenden.

3 Die seitlichen Schürzenkanten 1 cm breit säumen, dabei die offene Seite der Bänder unterhalb der Ausschnitte mit in den Saum fassen. Die Bänder zurückschlagen und auf Nahthöhe nochmals übersteppen. An den seitlichen Ausschnitten die Nahtzugabe in der Rundung etwas mit Dampf dehnen (siehe Tipp links), dann 0,7 cm breit säumen (siehe Seite 30).

4 Die ganze Zitrone in 8 cm Höhe und 3 cm Abstand zur rechten Kante auf die Tasche applizieren (siehe Seite 55), die halben Zitronen jeweils in Blendenmitte, 14 und 29 cm von der linken Seitenkante entfernt anbringen. Die Innenkonturen der Zitrone mit Schnittfläche laut Vorlage mit naturweißem Garn im Steppstich steppen, zuerst einen Innenkreis im Abstand von 1 cm zur Kante, dann gerade Nahtlinien durch die Mitte führen. Die Applikationen bügeln.

5 Die offenen Taschen- und Blendenkanten 1 cm zur linken Seite bügeln und links auf rechts auf die im Schemaschnitt eingezeichneten Stellen der Schürze stecken, dann schmal absteppen.

Handytäschchen

Tipps & Tricks

- Bei sehr kleinen Rundungen einen sehr kleinen Steppstich wählen. So kommt man leichter um die Kurven.

Schwierigkeitsgrad
● ● ●

Größe
ca. 7 cm x 13 cm

Material für Plüsch-Täschchen
- Microplüsch in Rosa, 10 cm x 30 cm
- Baumwollstoff in Grün geblümt, 10 cm x 30 cm
- Baumwollstoff in Rot-rosa-weiß kariert, 5 x 10 cm
- Vlieseline H 180, 10 cm x 30 cm
- Band in Orange
- 7 Rocailles in Rosa und Pink
- 7 Perlen in Weiß
- 1 Druckknopf, ø 6 mm
- Nähgarn in Rosa
- Füllwatte

Für Täschchen mit Blüte
- Baumwollstoff in Bunt gemustert, 10 cm x 30 cm
- Baumwollstoff in Gelb-weiß kariert, 10 cm x 30 cm
- Bügelvlieseline, 10 cm x 30 cm
- Karoband in Rosa-weiß, 5 mm breit, 150 cm
- Rocailles in Türkis und Grün, ø 2 mm
- Pailletten in Türkis, Grün
- Perlen in verschiedenen Größen und Farben
- 1 Druckknopf, ø 6 mm
- Nähgarn in Weiß

Schnittmuster
Schnittmusterbogen A

Plüsch-Handytäschchen

Zuschnitt
Die Schnittmusterteile an den gestreiften Linien zusammenkleben. Alle Teile gemäß Schnittmuster ohne Nahtzugabe zuschneiden. Das Schnittmusterteil einmal aus dem rosafarbenen Microplüsch, einmal aus dem grün-geblümten Baumwollstoff (Futter) und einmal aus Vlieseline zuschneiden. Das Herz zweimal aus kariertem Baumwollstoff zuschneiden.

Anleitung
1 Das Schnittteil aus Microplüsch zusammen mit der Vlieseline bügeln, dieses Teil an den durchgezogenen Linien rechts auf rechts umlegen, umbügeln und heften. Danach die Seitennähte steppfußbreit im Steppstich absteppen.

2 Mit dem Futter ebenso verfahren. Das orangefarbene Band mit gelben Punkten links auf links zur Hälfte legen und mittig rechts auf rechts an die Klappe steppen. Beide Täschchenteile rechts auf rechts aufeinanderlegen und die Klappe absteppen. Die Arbeit wenden, das Futter nicht wenden. Das Futter einschieben. Die noch offene Naht von Hand schließen.

3 Das Herzchen rechts auf rechts zusammensteppen, zum Wenden eine kleine Öffnung lassen. Das Herz wenden, mit Füllwatte ausstopfen und die Naht per Hand schließen. Den Druckknopf und das Herzchen annähen. Die Perlen in verschiedenen Größen und Farben auffädeln und an das Handytäschchen nähen (siehe Foto).

Handytäschchen mit Blüte

Zuschnitt
Die Schnittmusterteile an den gestreiften Linien zusammenkleben. Alle Teile gemäß Schnittmuster ohne Nahtzugabe zuschneiden. Das Schnittmusterteil einmal aus dem bunt gemusterten Baumwollstoff, einmal aus dem gelb-weiß karierten Baumwollstoff (Futter) und einmal aus Vlieseline zuschneiden. Für die Blütenapplikation einen Kreis von ø 4 cm aus dem gelb-weiß karierten Baumwollstoff zuschneiden.

Anleitung
1 Das Schnittteil aus dem gemusterten Baumwollstoff zusammen mit der Vlieseline bügeln und dieses Teil an den durchgezogenen Linien rechts auf rechts umbügeln. Danach die Seitennähte steppfußbreit im Steppstich absteppen.

2 Mit dem Futter ebenso verfahren. Den Kreis für die Applikation aufstecken, umsteppen und am Ende mit Zickzackstich umnähen. Aus dem Karoband Blütenblatt für Blütenblatt legen, an den Kreis heften und mit Zickzackstich umnähen.

3 Beide Taschenteile rechts auf rechts aufeinanderlegen und die Klappe absteppen. Die Arbeit wenden, das Futter nicht wenden. Das Futter einschieben. Die noch offene Naht von Hand schließen.

4 Den Druckknopf annähen und die Blüte mit Pailletten und Rocailles besticken. Die Perlen in verschiedenen Größen und Farben auffädeln und an das Handytäschchen nähen.

Senden

Fotoalbum-Einband

Tipps & Tricks

- Leinen franst sehr leicht. Wenn Sie die Schnittkanten gleich nach dem Zuschneiden, noch vor dem Nähen, versäubern, verhindern Sie das.

- Leinenstoffe werden im Sommer in größerer Auswahl angeboten, im Winter in reduzierter. In Dekoabteilungen von Kaufhäusern findet man aber meist das ganze Jahr hindurch ein größeres Sortiment an Leinenstoffen zu recht günstigen Preisen.

- Auf Paillettenbordüren sind die Pailletten unterschiedlich angeordnet. Falls die Pailletten auf Ihrer Bordüre versetzt aufgenäht sind, sollten sie diese entlang der Kanten von Hand aufnähen (siehe Seite 61), um die Pailletten zu schonen.

Schwierigkeitsgrad
● ● ●

Größe
ca. DIN A4-Format

Material
- reines Leinen in Weinrot, ca. 75 cm x 35 cm
- Klettbandverschluss in Rot, 2 cm breit, 5 cm
- Paillettenbordüre, möglichst zweireihig, in Weinrot, 1,5 cm breit, ca. 80 cm
- Baumwollnähgarn in Weinrot
- Fotoalbum in ca. DIN A4-Format

Schemaschnitt
Schnittmusterbogen B

Zuschnitt
Für den Einband einen Schnitt laut Schema erstellen, dabei die Maße des Albums übernehmen. Die Vorderseite, den Albumrücken und die Rückseite in geschlossenem Zustand messen, um die notwendige Gesamtbreite zu ermitteln. Die Länge der Verschlusslasche sollte etwa zwei Drittel der Vorderseitenbreite betragen plus der Albumdicke. Dann aus dem roten Leinen je einmal den Einband und den separaten Einschlag sowie einmal die Lasche im Bruch mit 1 cm Nahtzugabe zuschneiden.

Anleitung

1 Die Lasche bis auf die Ansatzkante verstürzen (siehe Seite 49). Die Lasche bügeln und die Kanten schmal absteppen. Eine Klettbandhälfte 2 cm von der Spitze entfernt beginnend mit dem Steppstich unter die Lasche steppen.

2 Die Paillettenbordüre von rechts entlang der Laschenkante aufheften, dabei im Bereich der Spitze an der Innenkante die Pailletten der Bordüre zusammenschieben, so dass die Kante eingehalten wird. Die Bordüre in der Mitte, zwischen den Pailletten, aufsteppen. Nun im Vorderteil, auf der Höhe des ersten Drittels, ein weiteres Stück Bordüre aufheften und dann absteppen.

3 Die restlichen Schnittkanten im Zickzack- oder Overlockstich versäubern (siehe Seite 36 bzw. 45). Eine Längskante des separaten Einschlags und die des angeschnittenen Einschlags jeweils 1 cm zur linken Seite bügeln und absteppen.

4 Den separaten Einschlag rechts auf rechts an den Einband stecken, in der Mitte (an der markierten Stelle) die Lasche rechts auf rechts dazwischen stecken, die Spitze zeigt Richtung Buchrücken. Die obere, seitliche und untere Kante des Einschlags in einem Arbeitsgang ansteppen. Den angeschnittenen Einschlag auf die Vorderseite schlagen und oben und unten zusammensteppen. Die Nahtzugaben an den Ecken schräg zurückschneiden. Die Einschläge wenden und bügeln. Die Ansatzkante des separaten Einschlags schmal absteppen.

5 Die Nahtzugabe der noch offenen oberen und unteren Kante von Vorder- und Rückseite nach innen bügeln und im Blindstich unsichtbar annähen (siehe Seite 59).

6 Nun die Stelle für die andere Klettbandhälfte festlegen. Dafür das Album beziehen. Die Lasche über das Vorderteil schlagen und die Stelle für die andere Klettbandhälfte markieren. Den Einband wieder abnehmen und das Klettband aufsteppen.

Duftkissen

Tipps & Tricks

- Sehr schön ist auch die Variante, die innere Absteppnaht mit einem schmalen Zickzackstich zu umnähen – wie bei dem fliederfarbenen Duftkissen gezeigt.

Schwierigkeitsgrad
● ● ○

Größe
ca. 17 cm x 9 cm

Material
- Organzastoff in Mint, 30 cm x 10 cm
- Organzastoff in Flieder, 40 cm x 10 cm
- Organzastoff in Weiß, 60 cm x 10 cm
- Organzastoff in Orange, 60 cm x 5 cm
- Gumminähfaden in Weiß, 1 Rolle
- Stickvlies 70 cm x 15 cm
- Nähgarn in Orange und Flieder
- Duftpotpourri zum Füllen

Zuschnitt
Aus dem mintfarbenen Organza ein Rechteck von 20 cm x 10 cm und einen Streifen von 30 cm x 5 cm zuschneiden. Aus dem fliederfarbenen Organza zwei Rechtecke à 20 cm x 10 cm und aus dem weißen Organza drei Rechtecke à 20 cm x 10 cm zuschneiden. Aus dem orangefarbenen Organza zwei Streifen von 30 cm x 5 cm zuschneiden. Bei allen Angaben sind die Nahtzugaben enthalten.

Anleitung

1 Den mintfarbenen und die beiden orangefarbenen Streifen der Länge nach rechts auf rechts zusammenlegen, mit dem Steppstich rundum 0,5 cm breit zusammennähen, dabei eine Schmalseite offen lassen, hier wenden und bügeln.

2 Die drei Stoffstreifen mit dem Wabenstich und dem Gumminähfaden einsmoken (siehe Seite 51). Danach den mintfarbenen Streifen auf ein fliederfarbenes Rechteck und die beiden orangefarbenen Streifen auf die beiden anderen farbigen Stoffrechtecke genau mittig platzieren, feststecken und bei Bedarf heften. Mit dem Steppstich so aufnähen, dass der Smokeffekt auf jeden Fall erhalten bleibt.

3 Die drei farbigen Organzateile je links auf links auf jeweils ein weißes legen und mit einem kleinen Steppstich rundum 2 cm von der Außenkante absteppen. Dabei an einer Längsseite eine kleine Öffnung von 5 cm zum Füllen offen lassen. Nun die Stoffteile mit Stickvlies unterlegen und die Ränder mit einem engen Zickzackstich umstechen. Das Stickvlies vorsichtig abziehen. Die Duftkissen füllen, danach die Öffnung zunähen.

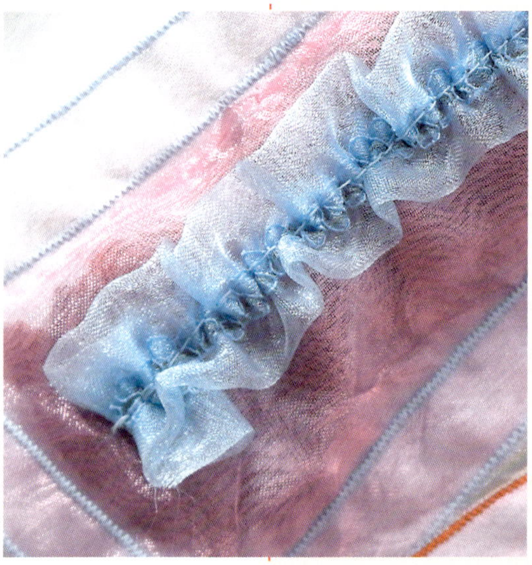

Dekoherzen

Tipps & Tricks

- Alternativ können Sie auch kleine Perlen oder Pailletten aufnähen – das gibt den Herzen eine noch edlere Note.

Schwierigkeitsgrad
● ● ○

Größe
ca. 15 cm x 13 cm

Material für ein Herz
- Baumwoll-Damast in Weiß, 35 cm x 30 cm
- Volumenvlies H 640, 25 cm x 30 cm
- Satinband in Weiß, 1 bis 2 cm breit, 40 cm
- 6 Dekoröschen
- Nähgarn in Weiß
- Füllwatte

Schnittmuster
Schnittmusterbogen A

Zuschnitt
Aus dem weißen Baumwoll-Damast gemäß Schnittmuster jeweils ein Vorder- und Rückteil zuschneiden, dabei 1 cm Nahtzugabe dazurechnen. Aus Volumenvlies ohne Nahtzugabe ein Vorder- und Rückteil zuschneiden.

Anleitung

1 Das Volumenvlies auf ein Stoffherz aufbügeln. Das Satinband in der Mitte falten, die offenen Enden so auf die rechte Seite eines Herzens anstecken, dass das Band nach innen in dem Herz liegen bleibt.

2 Beide Herzteile rechts auf rechts legen, feststecken und evtl. heften. Die Stoffteile mit dem Steppstich (1,5 mm Länge) 0,5 cm von der Außenkante entfernt zusammennähen. Dabei ca. 5 bis 6 cm zum Wenden offen lassen. Bei den Rundungen aus der Nahtzugabe in einem Abstand von 2 cm viele kleine Ecken bis kurz vor der Naht herausschneiden.

3 Die untere Spitze ebenfalls bis kurz vor der Naht zurückschneiden. Das Herz wenden, bügeln und mit Füllwatte füllen. Den offenen Bereich mit kleinen, engen Handstichen zunähen. Zum Schluss die Dekoröschen (siehe Foto) von Hand aufnähen.

Für Kinder

Utensilo

Zuschnitt
Den Schemaschnitt auf Originalmaße vergrößern. Jede Taschenart einmal als extra Schnittteil herauskopieren. Je eine Vorder- und Rückseite von 77 cm x 57 cm längs aus dem Jeansstoff und einmal aus Sanfor-Einlage zuschneiden, jedoch die Einlage 1 cm kürzer fertigen. Die Maße enthalten 1 cm Nahtzugabe. Beide Taschen je zweimal mit 1 cm Naht- und 2 cm Saumzugabe aus Jeansstoff zuschneiden. Auf der Vorderseite die Stellen für die Taschen, Schlaufen und Riegel und auf den großen Taschen die Stepplinien markieren. Für die Aufhängeschlaufen aus dem Jeansstoff einen Streifen von 90 cm x 11 cm, und einen Riegelstreifen von 30 cm x 3,5 cm zuschneiden.

Anleitung
1 Die Schlaufenstreifen zum Aufhängen längs rechts auf rechts doppelt legen und 1 cm breit mit dem Steppstich zusammennähen. Die Naht auseinanderbügeln und das Teil wenden. Die Streifen bügeln, dabei liegt die Naht in der Mitte. Beide Kanten absteppen. In fünf 18 cm lange Stücke schneiden.

2 Die Längskanten des Riegelstreifens versäubern (siehe Seite 36 oder 45) und 1 cm nach links bügeln. Die Kanten von rechts absteppen. Ein Stück von 10 cm Länge, eines von 7,5 und eines von 12 cm abschneiden.

3 Die untere Kante von der Vorder- und Rückseite 1 cm zur linken Seite bügeln. Die Einlage auslegen und die Vorderseite mit der linken Seite darauflegen, die Kanten liegen bündig. Nun die Schlaufenstreifen quer doppelt legen und den ersten mittig an der oberen Kante feststecken, die Schlaufe zeigt dabei nach innen. Links und rechts davon je zwei weitere Schlaufen im Abstand von 6 cm feststecken. Die Rückseite rechts auf rechts auflegen, aufeinanderstecken, evtl. heften und bis auf die untere Kante mit dem Steppstich zusammennähen. Die Nahtzugabe der Sanfor-Einlage zurückschneiden, an den Ecken abschrägen und auseinanderbügeln. Das Teil wenden und bügeln. Die unteren Kanten aufeinanderstecken. Das Teil ringsum zuerst schmal, dann 1 cm breit absteppen.

4 Die oberen Schnittkanten der Taschen versäubern, 2 cm zur rechten Seite schlagen und an den Seiten auf Saumhöhe in der Breite von 1 cm aufeinandersteppen. Die Zugaben an den Ecken zurückschneiden. Die Säume nach links wenden. Zuerst die Saumkante bügeln, dann die Nahtzugaben 1 cm nach links bügeln. Die großen Taschen laut Markierung zweimal in füßchenbreitem Abstand absteppen. Alle Taschen an den markierten Stellen aufstecken und schmal und 0,8 cm breit aufsteppen. Die Riegelenden 1 cm umbügeln, wie markiert auflegen und an den Enden festnähen. Die langen Riegel zusätzlich in der Mitte feststeppen.

Schwierigkeitsgrad
● ● ○

Größe
ca. 82 cm x 55 cm

Material
- Jeansstoff in Blau, 130 cm x 100 cm
- Sanfor-Einlage, 75 cm x 60 cm
- festes Nähgarn in Ocker

Schemaschnitt
Schnittmusterbogen A

Tipps & Tricks

- Das Utensilo kann auch ganz auf eigene Bedürfnisse und die Verwahrung bestimmter Objekte abgestimmt werden. Dazu die Anzahl der Taschen und deren Größe einfach anpassen. Nach Belieben auf der Wand anordnen.
- Ringösen oberhalb der unteren Kante montiert, wären ein weiterer Blickfang. Auch ließen sich dadurch weitere lustige Möglichkeiten zum Anhängen schaffen.
- Zur Stabilisierung des Utensilos kann auch jede andere feste Einlage verwendet werden. Eine aufbügelbare Einlage ist für viele am einfachsten zu verarbeiten. Sie ist ohne Zugabe zuzuschneiden und von links auf die Vorderseite zu bügeln.

Engelchen

Tipps & Tricks

- Bei sehr feinem Stoff kann man durch das Unterlegen von feinem Butterbrotpapier das Einziehen des Stoffes in die Nähmaschine verhindern.

Zuschnitt

Alle Teile gemäß Schnittmuster ohne Nahtzugabe zuschneiden. Das Körperteil zweimal, das Bodenteil einmal, das Bein viermal und die Hand viermal aus dem naturfarbenen Baumwollstoff zuschneiden. Das Kleid zweimal und den Ärmel viermal aus dem grün-geblümten Baumwollstoff zuschneiden. Den Fuß viermal aus dem gelb-weiß karierten Baumwollstoff zuschneiden. Das Herz zweimal aus dem rosa-gemusterten Baumwollstoff zuschneiden. Die Flügel zweimal aus dem weißen Filz zuschneiden.

Anleitung

1 Die Körperteile rechts auf rechts mit dem Steppstich zusammennähen, dabei die untere Seite offen lassen. Den Körper wenden. Die Beinteile mit je einem Fußteil rechts auf rechts zusammennähen und je zwei Bein-Fußteile rechts auf rechts mit dem Steppstich zusammennähen. Die Beine wenden und fest mit Füllwatte ausstopfen. Die Beine an den Körper nähen (siehe Markierung). Den Körper fest mit Füllwatte ausstopfen. Das Bodenteil von Hand an die Unterseite des Körpers nähen.

2 Das Kleid rechts auf rechts zusammensteppen und die Kanten mit Zickzackstich versäubern. Am unteren Rand einen kleinen Saum arbeiten (siehe Seite 44). An den Saum, von rechts eine Tüllrüsche aufnähen. Diese von Hand mit Perlen und Pailletten besticken (siehe Seite 61).

3 Die Ärmel mit je einer Hand rechts auf rechts mit dem Steppstich zusammennähen. Je zwei Ärmel-Handteile rechts auf rechts zusammennähen, dabei eine Öffnung von ca. 3 cm offen lassen. Die Arme wenden und fest ausstopfen. Die Öffnung von Hand schließen. Das Kleid anziehen, die Arme an das Kleid bzw. den Körper nähen.

4 Die Flügel aufeinanderlegen und mit Sticktwist in Hellblau in einem einfachen Steppstich umsticken (siehe Seite 59). Die Flügel an den Rücken des Engels nähen. An die Beine das Satinband in Orange in geschnürter Optik annähen. Das Herzchen rechts auf rechts bis auf eine kleine Öffnung mit dem Steppstich zusammennähen, wenden, ausstopfen und die Öffnung per Hand schließen.

5 Für die Haare aus dem rotbraunen Sticktwist sechs Fäden à 20 cm Länge (Zöpfe) und sechs Fäden à 5 cm Länge (Pony) zuschneiden. Je drei lange Fäden zur Hälfte legen und diese beidseitig an die Naht in der Mitte des Kopfes annähen. Den Pony oberhalb des Gesichts annähen, dabei die Fäden jeweils zur Hälfte legen. Beidseitig je einen Zopf flechten und mit dem Karoband Schleifen binden.

6 Das Gesicht mit 2-fädigem Sticktwist aufsticken. Die Bäckchen mit Buntstift in Orange etwas anschummern. Die Zipfelmütze (siehe unten) aufsetzen und annähen. Das Herzchen an die Hand nähen und die Häkelboa (siehe unten) umbinden.

Zipfelmütze

Für die Mütze mit dem Nadelspiel Nr. 2,5 in Hellgrün 32 Maschen (8 Maschen je Nadel) anschlagen und 12 Runden im Rippenmuster (1 Masche rechts, 1 Masche links im Wechsel) stricken. Glatt rechts im Streifenmuster (3 Runden Hellgelb, 3 Runden Hellgrün im Wechsel) weiterarbeiten. Nach 6 Runden glatt rechts, in jeder Runde 1 Masche abnehmen (Abnahmen gleichmäßig verteilen). Bei einer Gesamtmaschenzahl von 8 M noch weitere 10 Runden stricken. Die Maschen abketten. Den Faden vernähen. Aus dem Filz kleine Fransen schneiden und diese annähen.

Häkelboa

Für die Boa mit der Häkelnadel Nr. 4,5 in Brazilia Lamé 70 Luftmaschen anschlagen und 2 Reihen feste Maschen häkeln.

Schwierigkeitsgrad
● ● ●

Größe
ca. 12 cm x 35 cm

Material
- Baumwollstoff in Natur, 20 cm x 60 cm
- Baumwollstoff in Grün geblümt, 20 cm x 50 cm
- Baumwollstoff in Gelb-weiß kariert, 5 cm x 10 cm
- Baumwollstoff in Rosa gemustert, 10 cm x 20 cm
- Filz in Weiß, 20 cm x 30 cm
- Tüllspitze in Weiß, 5 cm x 70 cm
- Perlen in Gelb, ø 2 mm
- Pailletten in Rosa, irisierend gewölbt, ø 6 mm
- Karoband in Orange-weiß, 5 mm breit, 30 cm
- Satinband in Orange, 3 mm breit, 100 cm
- Sticktwist in Rotbraun, Hellblau und Aprikot
- Schachenmayr Catania in Hellgrün (Fb 236) und Hellgelb (Fb 100), Reste
- Schachenmayr Brazilia Lamé in Weiß (Fb 80), Rest
- Nadelspiel Nr. 2,5
- Häkelnadel Nr. 4,5
- Füllwatte
- Nähgarn in Weiß

Schnittmuster
Schnittmusterbogen B

Elefant

Tipps & Tricks

- Dieser kleine Elefant kann tausend verschiedene Gesichter haben. Probieren sie einfach einmal Stoffe aus, die nicht typisch sind für Kuscheltiere – zum Beispiel bunte Baumwollstoffe, Damast, Brokatstoffe, Microplüsch oder Fellimitate. Sie können auch die Größe beliebig variieren, indem Sie den Schnitt über den Kopierer beliebig vergrößern oder verkleinern.

Schwierigkeitsgrad
● ● ●

Größe
ca. 28 cm

Material
- Baumwollstoff in Rosa geblümt, 40 cm x 120 cm
- Baumwollstoff in Rosa gestreift, 20 cm x 60 cm
- 2 Tieraugen aus Glas in Schwarz, ø 7 mm
- Baumwollgarn in Rosa, Rest
- Nähgarn in Rosa
- Füllwatte

Schnittmuster
Schnittmusterbogen B

Zuschnitt
Die Schnittmuster auf 150 % vergrößern und das Schnittmusterteil Rücken-Zwischenteil an den gestreiften Linien zusammenkleben. Alle Teile gemäß Schnittmuster ohne Nahtzugabe zuschneiden. Das Schnittmusterteil Körper zweimal, das Rücken-Zwischenteil einmal, das Bein-Zwischenteil zweimal, das Ohr zweimal, den Rüssel einmal und den Schwanz einmal aus dem rosa-geblümten Baumwollstoff zuschneiden. Das Schnittmusterteil Ohr zweimal und den Fuß viermal aus dem rosa-gestreiften Baumwollstoff zuschneiden.

Anleitung
1 Das Rücken-Zwischenteil rechts auf rechts mit dem Steppstich an den Körper nähen. Die Bein-Zwischenteile mit dem Steppstich an der oberen Kante zusammennähen, dabei eine Öffnung von 15 cm zum Wenden offen lassen. Dieses Teil an den Beinen zwischen die beiden Körperteile ansteppen, die Fußsohlen bleiben dabei offen. Den Rüssel mit dem Steppstich annähen und die noch offene Rüsselnaht schließen. Die Fußsohlen ansteppen. Die Arbeit wenden und den Elefanten fest mit Füllwatte ausstopfen. Die Wendeöffnung von Hand schließen.

2 Den Schwanz mit dem Steppstich zusammennähen, die untere Naht bleibt aber noch offen. Den Schwanz bügeln, so dass die Naht mittig liegt. Aus dem Bauwollgarn ca. 16 Fäden in einer Länge von 6 cm zuschneiden und diese an das untere Ende des Schwanzes nähen (die Fäden müssen in der Arbeit verschwinden). Die Arbeit wenden.

3 Die Ohren rechts auf rechts (je ein geblümter und ein gestreifter Baumwollstoff) zusammensteppen, zum Wenden eine kleine Öffnung lassen. Die Ohren wenden und die Ohren, den Schwanz und die Augen annähen.

Kleine Variante

Rosafarbener Elefant mit Decke
Sehr niedlich sieht auch der kleine Bruder (Größe ca. 18 cm) dieses Elefanten aus, für den Sie die Schnittmuster in Originalgröße verwenden können. Er wird aus rosafarbenem Microfaserplüsch (40 cm x 80 cm) und rosa-geblümten Baumwollstoff (10 cm x 30 cm) zunächst genauso gearbeitet wie der große Elefant, allerdings bekommt er noch eine mit Silberband (10 cm breit, ca. 100 cm lang), Perlen und Pailletten verzierte Decke. Hierfür das Schnittmusterteil Decke zweimal aus hellgrünem Baumwollstoff (10 cm x 50 cm) und einmal aus Volumenvlies (10 cm x 50 cm) zuschneiden und rechts auf rechts mit dem Volumenvlies zusammensteppen. Dabei eine kleine Wendeöffnung offen lassen. Die Arbeit wenden und andämpfen. Die Decke mit dem silbernen Band, Perlen und Pailletten verzieren (siehe Foto links) und annähen. Auch den Kopf des Elefanten mit Perlen und Pailletten verzieren.

Wärmflasche

Tipps & Tricks

◆ Möchten Sie mehrere Teile aus gleichfarbigem Stoff applizieren, können Sie die Motive auch nebeneinanderlegen und so die benötigte Stoffmenge ermitteln. Bügeln Sie in diesem Fall ein entsprechend großes Stück Vliesofix von links auf den Stoff, übertragen Sie die Motive direkt nebeneinander auf das Trägerpapier und schneiden die Motive exakt aus. Die Arbeitsweise erspart das grobe Zuschneiden und im Allgemeinen auch Stoff!

◆ Für die Hülle eignen sich auch viele andere flauschige und weiche Stoffe wie Fleece mit und ohne Flor, Frottier, Samt, Sweatshirtstoff, Flanell, Filz, Veloursflausch oder dünne Webpelze, die vor allem in der Wintersaison in großer Auswahl angeboten werden.

Schwierigkeitsgrad
● ● ●

Motivhöhe
ca. 29 cm x 24 cm

Material
- Zottelfleece in Hellbraun, 65 cm x 30 cm
- Zottelfleece in Terrakotta, 45 cm x 10 cm
- Filz in Weiß, 5 cm x 5 cm
- Filz in Schwarz, 5 cm x 5 cm
- Vliesofix, 60 cm x 10 cm
- Stickwolle in Schwarz
- Allesnäher-Nähgarn in Hellbraun, Terrakotta, Schwarz und Weiß
- wasserfester Filzstift in Schwarz
- Wärmflasche für Kinder, 27 x 16 cm

Schnittmuster
Schnittmusterbogen B

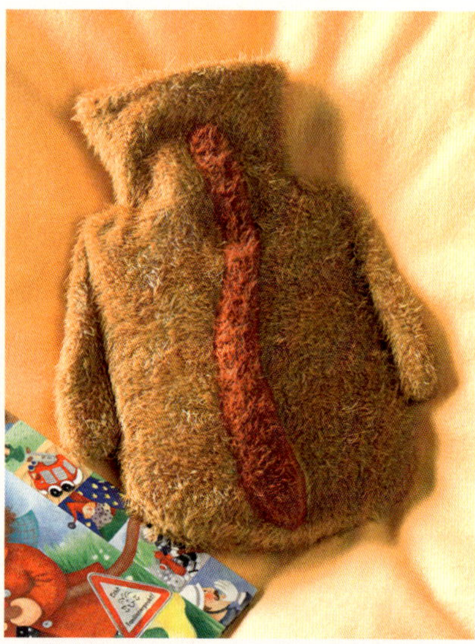

Zuschnitt
Das Schnittmuster auf 200 % vergrößern. Die Fußsohlen, die Ohren, die Augen und die Nase aus dem Schnitt herauskopieren. Aus dem hellbraunen Fleece für die Vorder- und Rückseite der Wärmflaschenhülle zweimal mit 1 cm Naht- und 1,5 cm Saumzugabe an der oberen Kante zuschneiden, dabei auf den Strich achten, der bei diesem Stoff quer verläuft (siehe Seite 21). Die Stellen für die Applikationen und das Gesicht auf der rechten Vorderseite markieren. Für die Applikationen das Vliesofix auf das terrakottafarbene Fleece aufbügeln und daraus den Schwanz, die Fußsohlen und die Ohren ausschneiden (siehe Seite 55), dabei ebenfalls auf den Strich achten. Das Vliesofix auf den Filz bügeln, aus dem weißen Filz die Augen und aus dem schwarzen Filz die Nase zuschneiden.

Anleitung

1 Das Trägerpapier von den Fleeceteilen ziehen und den Schwanz in der Mitte der Rückseite in 1 cm Höhe beginnend auflegen. Die restlichen Teile an den markierten Stellen auf der Vorderseite auflegen, alles aufbügeln und dann aufnähen.

2 Die Pupillenschlitze auf die Augen nähen und mit wasserfestem Filzstift in Schwarz ausmalen. Das Maul und die Schnurrhaare im Hinterstich (siehe Seite 59) ins Gesicht sticken.

3 Die Vorder- und Rückseite verstürzen (siehe Seite 49). Dazu die Teile rechts auf rechts legen und ringsum bis auf die oberen Kanten 1 cm breit mit dem Steppstich zusammennähen. In allen vier Innenecken die Nahtzugabe bis zur Naht einschneiden. An den Rundungen die Zugabe ebenfalls einschneiden oder kleine Dreiecke herausschneiden. Die Nahtzugaben zusammenliegend mit dem Zickzackstich versäubern (siehe Seite 36), die Flaschenhülle wenden und die in die Naht genähten Zotteln mit einer Nadel herausziehen.

4 Die obere Kante der Wärmflasche 1,5 cm einschlagen und absteppen. Die Arme mit einer geraden Steppnaht entlang dem Körper abgrenzen.

5 Die Wärmflasche in Längsrichtung so gut wie möglich zusammenrollen und in die Hülle stecken.

Zuerst
in der
alle
die Sirene
ganz laut, damit
es hören konnten.

Kirschkernkissen

Tipps & Tricks

- Die Kissenhülle unbedingt mit Reißverschluss arbeiten, so dass die Kirschkerne zum Waschen immer schnell entleert werden können. Noch besser ist es, ein separates Füllkissen von 22 cm x 22 cm zu nähen und mit Kirschkernen zu füllen. So kann die Hülle zum Waschen im Handumdrehen abgezogen werden.

- Durch das Vor- und Zurücknähen auf Höhe der Kordel kann der Schwanz auch bei starkem Zug nicht herausgerissen werden.

- Die Ohren bekommen durch den am Schluss genähten und unten liegenden Abnäher etwas Stand, so dass sie nicht plan auf dem Kissen kleben. Das Gesicht wird dadurch lebendiger.

Schwierigkeitsgrad
● ● ○

Größe
ca. 22 cm x 22 cm

Material
- Baumwollstoff in Blau-weiß gestreift, 50 cm x 25 cm
- Baumwollstoff in Blau, 15 cm x 10 cm
- Baumwollstoff in Weiß, 10 cm x 10 cm
- Vliesofix, 10 cm x 10 cm
- Lederkordel in Blau, ca. 40 cm
- Reißverschluss in Blau, 15 cm
- Baumwollkordel in Blau, ø 4 mm, 20 cm
- dünne Stricknadel
- Baumwollnähgarn in Blau und Weiß
- Kirschkerne, ca. 500 g

Schnittmuster und Schemaschnitt
Schnittmusterbogen A

Zuschnitt
Für die Kissenhülle je eine Ober- und Unterseite von 24,5 x 24 cm aus dem gestreiftem Baumwollstoff zuschneiden, darin enthalten sind 1 cm Naht- und 1,5 cm Reißverschlusszugabe. Für das Spitzmaul ein rechtwinkeliges gleichseitiges Dreieck mit 5 cm Schenkellänge auf Papier aufzeichnen und ausschneiden. Das Maul einmal aus dem blauen Baumwollstoff mit 1 cm Nahtzugabe zuschneiden. Für die Schnurrhaare an den mit x markierten Stellen (siehe Schemaschnitt) mit einer Stricknadel vorsichtig Löcher in den Stoff bohren und zwar so, dass die Gewebefäden nicht reißen, sondern zur Seite geschoben werden. Das Ohr und Auge auf Papier übertragen. Das Ohr viermal aus blauem Baumwollstoff mit 0,7 cm Nahtzugabe zuschneiden, zweimal davon gegengleich.

Anleitung

1 Für die Schnurrhaare drei 12 cm lange Lederkordelstücke abschneiden und parallel nebeneinander und 2 cm von der Ecke entfernt auf einer „Diagonalen" der Oberseite auflegen. Mit Steppstichen durch Vor- und Zurücknähen fixieren. Die schräge Kante des Spitzmauls 1 cm zur linken Seite bügeln. Die Enden der Schnurrhaare von links durch die Löcher stecken und von rechts glatt ziehen. Das Maul an der schrägen Kante im Steppstich schmal aufsteppen. Die Außenkanten auf der Höhe der Nahtzugabe festnähen.

2 Die Augen applizieren (siehe Seite 55). Dafür den Kreis zweimal auf das Trägerpapier des Vliesofix zeichnen und grob ausschneiden. Von links auf den weißen Baumwollstoff bügeln. Die Kreise exakt ausschneiden. Laut Schemaschnitt in entsprechenden Abständen zueinander aufbügeln und festnähen.

3 Je zwei Ohrteile bis auf die Ansatzkanten verstürzen (siehe Seite 49). Die Nahtzugabe der Ansatzkanten in die Ohren schlagen, bügeln und dann zunähen. Die Abnäher schließen. Laut Schemaschnitt oberhalb der Augen aufstecken und an der Ansatzkante feststeppen.

4 Die Schnittkanten von Ober- und Unterseite versäubern (siehe Seite 36 oder 45) und dann rechts auf rechts legen. An einer 24 cm langen Kante für den Reißverschluss 1,5 cm tief mit dem Steppstich zusammennähen, dabei die mittleren 15 cm offenlassen. Die Nahtzugaben auseinanderbügeln. Den Reißverschluss beidseitig verdeckt in den Schlitz heften und einnähen (siehe Seite 54), dann öffnen.

5 Die Schnurrhaare zur Mitte schlagen und feststecken, damit sie nicht mit in die Naht gesteppt werden. Die Ober- und Unterseite rechts auf rechts legen und die restlichen Seiten 1 cm breit schließen, dabei an der dem Gesicht gegenüberliegenden Ecke die Kordel als Schwanz einlegen. Die Nahtzugabe an den Ecken schräg abschneiden. Das Kissen wenden und bügeln. Das Kordelende mit einem Knoten sichern, damit die Kordel nicht franst.

6 Die Kissenhülle mit Kirschkernen füllen.

Stoffmobile mit Tieren

Tipps & Tricks

- Achten Sie darauf, dass der Applikationsstoff möglichst fest gewebt ist. Möchten Sie auf einem dehnbaren Stoff applizieren, muss unbedingt eine Bügeleinlage als Verstärkung unterbügelt werden. Auch sollten Sie darauf achten, dass die Stoffe von der Pflege zusammenpassen und nachher zusammen gewaschen werden können.

Schwierigkeitsgrad

● ● ○

Größe

jedes Tier ca. 20 cm x 16 cm

Material

- Frottier in Orange, 40 cm x 60 cm
- Frottier in Mint, 20 cm x 40 cm
- Frottier in Crème, 20 cm x 60 cm
- Frottier in Hellblau, 40 cm x 30 cm
- Frottier in Lachs, 30 cm x 30 cm
- Frottier in Gelb (evtl. mit weißen Punkten), 15 cm x 20 cm
- Stickvlies zum Unterlegen
- Satinband in Hellblau, 1,5 cm breit, 240 cm
- Satinband in Hellgelb, 1,5 cm breit, 80 cm
- Satinband in Grün, 1,5 cm breit, 40 cm
- Satinband in Bordeaux, 0,5 cm breit, 100 cm
- Satinband in Orange, 2 cm breit, 100 cm
- Satinband in Petrol, 2 cm breit, 50 cm
- Nähgarn in Orange, Türkis und Hellblau
- 5 Augenpaare zum Aufkleben
- 2 Deko-Fische
- 2 Deko-Sonnen
- 2 Deko-Schmetterlinge
- Sprühfixierkleber
- Stoffkleber
- Glamourliner zum Bemalen
- Füllwatte
- Mobile-Holzstäbchen

Schnittmuster

Schnittmusterbogen B

Zuschnitt

Alle Teile gemäß Schnittmuster zweimal ausschneiden, dabei je 1,5 cm Nahtzugaben hinzurechnen. Den Fisch und die Schildkröte aus Gelb, die Ente und eine Wolke aus Hellblau, ein Küken und eine Wolke aus Orange und ein Küken aus Mint zuschneiden. Die Flügel der Ente in Lachs und den Schnabel in Mint ausschneiden. Den Panzer der Schildkröte ebenfalls in Mint zuschneiden. Die Schmetterlingsflügel in Hellblau und den vorderen Bereich des Fisches in Lachs zuschneiden.

Anleitung

1 Alle Applikationsteile der Mobileteile mit dem Sprühfixierkleber einsprühen, und auf die entsprechenden Mobileteile aufkleben. Das Stickvlies unter den Frottierstoff legen, damit er sich beim Nähen nicht zusammenzieht. Mit dem Overlockstich alle Teile umnähen.

2 Die Mobileteile rechts auf rechts zusammenlegen, feststecken und rundum mit dem Steppstich schließen. Dabei jeweils ca. 5 cm zum Füllen offen stehen lassen.

3 Alle Teile füllen und die offenen Stellen mit Handstichen schließen. Nun die Augen auf die Frottierteile kleben.

4 Am oberen Ende der Mobileteile jeweils Satinband, das Sie vorher mittig falten, mit Handstichen gut annähen.

5 Das bordeauxfarbene Satinband in der Mitte der Länge nach teilen und der Ente und der Schildkröte als Schleife um den Hals dekorieren. Dem mintfarbenen Küken und dem Fisch das orangefarbene Band und dem orangefarbenen Küken das petrolfarbene Satinband als Schleife um den Hals binden.

6 Mit dem Glamourliner die Konturen der Applikationsteile an Fisch, Ente und Schmetterling nachfahren und der Schildkröte einen Panzer aufmalen. Nach dem Trocknen mit Stoffkleber die verschiedenen Dekoteile gemäß Foto auf die entsprechenden Mobileteile kleben.

7 Vier Holzstöcke nehmen und die Mobileteile daran anbinden. Diese Holzstöcke wiederum mit Nylonfaden versehen – nun kann das Mobile aufgehängt werden.

Bettwäsche

Tipps & Tricks

- Ein schönes Nähbild mit dem Zickzackstich erhalten Sie, wenn Sie auf die zu applizierenden Frottierteile ein speziell wasserlösliches Vlies (Avalon oder Soluweb) auflegen oder sie mit dem Sprühfixierer aufkleben. Da die Frottierschlingen durch das Vlies abgedeckt werden, gleitet der Nähfuß besser über den Frottier, die Stiche werden dichter und viel schöner.

Bettdecke

Zuschnitt
Aus dem gelben Baumwollstoff je einmal ein Rechteck von 90 cm x 145 cm für die Vorder- und Rückseite des Deckbetts und aus dem grün-blau karierten Baumwollstoff ein Rechteck von 45 cm x 90 cm für den Einsatz zuschneiden. Hierin sind die Nahtzugaben enthalten. Aus den Baumwollreststoffen insgesamt acht Schmetterlinge in verschiedenen Größen gemäß Schnittmuster zuschneiden und ebenfalls acht Schmetterlinge in derselben Größe wie die Schmetterlinge aus Vliesofix zuschneiden. Zwei Vlieselinestreifen von je 5 cm x 90 cm zuschneiden.

Anleitung

1 Den grün-blau-karierten Stoffstreifen an beiden Längskanten 2 cm nach links einschlagen, bügeln und so auf das gelbe Vorderteil stecken, dass ein Drittel gelber Stoff auf der einen Seite und zwei Drittel auf der anderen Seite zu sehen ist. Heften und mit dem Steppstich aufnähen. Das Satinband anstecken und ebenfalls mit Steppstich feststeppen.

2 Das Vliesofix unter die Schmetterlinge bügeln. Das Papier abziehen, die Schmetterlinge auf dem Deckbett platzieren und mit einem Bügeltuch aufbügeln. Die Schmetterlinge mit einem kleinen Steppstich knapp an der Kante entlang zusätzlich aufnähen. Den Zickzackstich wählen (Breite 0,5 bis 1 mm, Länge 0,5 bis 1,5 mm) und die Schmetterlinge damit applizieren (siehe Seite 55). Dabei immer die farblich passende Garnfarbe wählen.

3 Die Vorder- und Rückseite des Bettdecks rechts auf rechts legen und mit 2 cm Nahtzugabe zusammennähen. Die untere Kante wird von jeder Außenkante jeweils nur 10 cm mit einer Nahtbreite von 6 cm zugenäht. Dabei die Nahtenden gut vernähen. Die Nahtzugaben gleichmäßig auf ca. 1,5 cm zurückschneiden und mit Zickzack- oder Overlockstich versäubern.

4 Die Bettwäsche wenden und bügeln. Die unteren Kanten mit den Vlieselinestreifen verstärken. Die Saumkanten versäubern, 6 cm einschlagen und mit Steppstich feststeppen.

5 Die Druckknöpfe wie in der Packungsanleitung beschrieben in die untere Kante in einem Abstand von 15 cm eindrücken.

Kissen 1 (Foto links)

Zuschnitt
Aus dem gelb-geblümten Baumwollstoff ein Rechteck von 33 x 90 cm und aus dem grün-blau karierten Baumwollstoff einen Streifen von 10 cm x 33 cm zuschneiden. Hierin sind die Nahtzugaben enthalten.

Anleitung

1 Die offenen, schmalen Enden des geblümten Stoffes jeweils 2 cm ein- und 2 cm umschlagen. Den grün-blau-karierten Stoff an den Längsseiten jeweils 1 cm einschlagen, umbügeln, auf das untere Drittel des Kissens aufstecken und an den Längskanten mit dem Steppstich aufnähen.

2 Das Kissen rechts auf rechts der Länge nach zusammenfalten, so dass die offenen Stoffkanten ca. 5 cm überlappend liegen. Die Seitennähte mit dem Steppstich zusammennähen, dann mit Zickzackstich versäubern (siehe Seite 36). Die Ecken etwas zurückschneiden, das Kissen wenden, bügeln – fertig.

Kissen 2 (Foto rechts)

Zuschnitt
Aus dem gelb geblümten Baumwollstoff ein Rechteck von 30 cm x 60 cm und aus dem grün-blau karierten Baumwollstoff einen Streifen von 10 cm x 30 cm zuschneiden. Hierin sind die Nahtzugaben enthalten. Aus dem grünen Baumwollstoff und Vliesofix gemäß Schnittmuster einen Schmetterling zuschneiden.

Anleitung

1 Das Vliesofix unter den Schmetterling bügeln auf das gelbe Rechteck applizieren (siehe Seite 55).

2 Den grün-blau karierten Stoffstreifen an den Längsseiten jeweils 1 cm einschlagen, umbügeln, auf das untere Drittel des Kissens stecken und an den Längskanten mit Steppstich aufnähen. Die rosafarbene Spitzenborte mit Steppstich an den Kanten aufnähen und das Kissen so fertig stellen wie Kissen Nr. 1.

Schwierigkeitsgrad
● ● ●

Größe
Bettdecke:
ca. 135 cm x 85 cm
Kissen 1: ca. 40 cm x 30 cm
Kissen 2: ca. 30 cm x 25 cm

Material für die Bettdecke
- Baumwollstoff in Gelb, 180 cm x 145 cm
- Baumwollstoff in Grünblau kariert, mit Schmetterlingen bestickt, 50 cm x 145 cm
- Baumwollstoff in Grün, Weiß, Magenta und Gelb, Reste
- Vliesofix, 50 cm x 50 cm
- Vlieseline H 180 in Weiß, 15 cm x 95 cm
- Satinband in Magenta, 4 cm breit, 90 cm
- Nähgarn in Gelb, Magenta und Grün
- Jersey-Druckknöpfe, 1 Päckchen

Für Kissen 1
- Baumwollstoff in Gelb geblümt, 35 cm x 95 cm
- Baumwollstoff in Grünblau kariert, mit Schmetterlingen bestickt, 15 cm x 35 cm
- Nähgarn in Grün

Für Kissen 2
- Baumwollstoff in Gelb geblümt, 35 cm x 65 cm
- Baumwollstoff in Grünblau kariert, mit Schmetterlingen bestickt, 15 cm x 35 cm
- Baumwollstoff in Grün, Rest
- Vliesofix, 15 cm x 15 cm
- Baumwollspitze in Rosa, 1 cm breit, 70 cm
- Nähgarn in Rosa, Grün

Schnittmuster
Schnittmusterbogen B

Hauspantoffeln

Hinweis

- Wenn Sie ein wasserlösliches Vlies verwenden, hat das den Vorteil, dass sich eventuelle Rückstände vom Sticken mit einem Tuch komplett entfernen lassen, wenn Sie das Vlies mit Wasser bestäuben und anschließend abreiben.

Schwierigkeitsgrad
● ● ●

Größe
36 –38

Material
- Walkloden in Maigrün, 75 cm x 40 cm
- Bastelfilz in Grau, 20 cm x 30 cm
- Volumenvlies H 640, 25 cm x 30 cm
- wasserlösliches Vlies, 50 cm x 80 cm
- Nähgarn in Maigrün, Orange und Dunkelrot

Schnittmuster
Schnittmusterbogen B

Zuschnitt
Den Boden gemäß Schnittmuster zweimal aus maigrünem Walkloden und zweimal aus grauem Filz zuschneiden. Aus dem Walkloden vier Teile gemäß Schnittmuster für den oberen Schuhbereich zuschneiden und zweimal aus dem Volumenvlies, jedoch ein wenig kleiner.

Anleitung

1 Pro Hausschuh für den Boden je ein Walkloden- und ein Filzteil übereinanderlegen und danach mit dem Steppstich knappkantig zusammennähen.

2 Jeweils ein Volumenvliesteil auf die linke Seite eines oberen Schuhteiles bügeln, beide Schuhoberteile links auf links zusammenlegen, feststecken und mit dem Steppstich knappkantig umstechen.

3 Mit einem Markierstift Linien in Längs- und QuerFormat auf die rechte Seite beider Pantoffeloberteile zeichnen (siehe Foto). Das wasserlösliche Vlies sowohl auf als auch unter den Stoff legen, mit einem eng eingestellten Zickzackstich (Breite 4 bis 5 mm, Länge 0,5 bis 1 mm) langsam und gleichmäßig den aufgezeichneten Linien nachnähen und dabei die Garnfarbe wechseln (siehe Foto). Die vordere Kante des Pantoffeloberteils ebenfalls mit dem engen Zickzackstich umstechen.

4 Danach das wasserlösliche Vlies abziehen. Das Pantoffeloberteil auf den Schuhboden stecken, mit Steppstich knappkantig umstechen und mit dem eng eingestellten Zickzackstich komplett umnähen – fertig.

Variation

Die Hausschuhe können, wie auf dem Foto gezeigt, auch in Orange und Ocker gearbeitet werden. Wählen Sie dann dazu passendes Nähgarn für die Zickzackstickerei – und schon haben Sie ähnlich aussehende, aber immer wieder individuelle Geschenke!

Hier finden Sie alphabetisch geordnet die wichtigsten Begriffe aus „1 x 1 kreativ Nähen“. Die dahinter stehende Seitenzahl bezieht sich auf den Haupteintrag im Buch.

Autoren

Gabriele Moosa, gelernte Damenschneiderin, ist seit 6 Jahren selbständig und liebt es, schöne Dinge aus Stoff oder anderen Materialien zu entwerfen und herzustellen. Ihre Schwerpunkte sind das konzeptionelle Arbeiten, die Durchführung von Workshops und internationalen Schulungen sowie die Ausarbeitung detaillierter Nähanleitungen für führende deutsche Firmen. Ihre kreativen Ideen setzt sie in ihrem Nähatelier in einzigartige Modelle für Werbung und Verkaufsförderung um.

Simone Raab, freie Designerin, arbeitete nach ihrer Ausbildung zur Grafikdesign-Assistentin viele Jahre für die Firma Coats Schachenmayr. Seit 2004 ist sie freiberuflich tätig. Zeichnen, Häkeln, Stricken und Nähen gehören schon seit ihrer Kindheit zu ihren Lieblingshobbys. Das Experimentieren mit schönen Garnen, Farben und Formen bereitet ihr täglich aufs Neue viel Spaß und sie hofft, den Lesern mit ihren Ideen Lust aufs Handarbeiten zu machen.

Maria Riegger kam 1979 nach München und arbeitete nach dem Abschluss zur Modellmacherin 22 Jahre im Kreativressort von zwei Frauenzeitschriften, wo sie ihre Hobbys bestens mit dem Beruf in Einklang bringen konnte. Heute ist sie selbstständig tätig. Ihr Schwerpunkt liegt im Bereich Nähen, mittlerweile vorrangig von Accessoires und Schönem für die Wohnung.

HILFESTELLUNG ZU ALLEN FRAGEN, DIE MATERIALIEN UND BASTELBÜCHER BETREFFEN: FRAU ERIKA NOLL BERÄT SIE. RUFEN SIE AN: 05052/911858*

*normale Telefongebühren

Impressum

KONZEPT, PROJEKTMANAGEMENT UND REDAKTION: no:vum, Susanne Noll, Leinfelden-Echterdingen
PRODUKTMANAGEMENT: Giovanna Lo Presti
GESTALTUNG UMSCHLAG: Heike Köhl
GESTALTUNG INHALT: Karoline Steidinger
LAYOUT INHALT: Arnold & Domnick, Leipzig
FOTOS: frechverlag GmbH, 70499 Stuttgart; Fotostudio Ullrich & Co., Renningen
DRUCK UND BINDUNG: Himmer AG, Augsburg

Modelle: Gabriele Moosa (Seite 32, 33, 40, 41, 46, 47, 56, 57, 62, 63, 69, 71, 73, 75, 83, 85, 97, 103, 113, 115, 127, 129, 130), Simone Raab (Seite 77, 89, 90, 104, 109, 119, 120, 121), Maria Riegger (Seite 66, 78, 81, 87, 93, 95, 99, 101, 107, 111, 116, 123, 125)

Auflage: 5. 4. 3.
Jahr: 2012 2011 2010 [Letzte Zahlen maßgebend]

ISBN 978-3-7724-5044-0
Best.-Nr. 5044